사랑하는

———————— 님께

이 책을 드립니다

이 시대 복음주의 신앙인들에게 주는 도전

세상 한 가운데로 들어가라

지은이	최현범
초판발행	2021년 2월 23일
펴낸이	배용하
책임편집	배용하
등록	제364-2008-000013호
펴낸곳	도서출판 대장간
	www.daejanggan.org
등록한 곳	충남 논산시 매죽헌로 1176번길 8-54
대표전화	전화 041-742-1424 전송 0303-0959-1424
분류	기독교	신앙	사회참여
ISBN	978-89-7071-550-6 03230

이 책은 저작권법에 의해 보호를 받는 출판물입니다.
기록된 형태의 허락 없이는 무단 전재와 복제를 금합니다.

 값 15,000원

이 시대 복음주의 신앙인들에게 주는 도전

세상 한 가운데로 들어가라

최현범 목사

차례

추천의글 13

머리말 16

1. 고뇌하는 신앙
감추어진 하나님 23
우리가 돌아보아야 할 것들 26
거짓과 진실 29
용서의 뿌리 32

2. 시대를 바라보는 신앙
사회와 역사를 의식하는 교회 37
세 가지 예배 40
의에 주리고 목마른 자 44
하나님나라와 세상나라 47
교회와 국가 50
정치적인 분별력을 키우자 54

3. 가정과 교육
가정 제도의 변화 59
동성애와 차별문제 62
행복한 노년 65
존엄사를 생각해봅시다. 68
우리 교육 이대로 좋은가? 71
신뢰받는 사회 74

4. 나의 이웃이 누구인가?

기아와의 전쟁	79
장애인들이 숨 쉬는 사회	82
외국인들을 잘 대접하는 사회	85
난민을 바라보는 그리스도인의 시각 (1)	88
난민을 바라보는 그리스도인의 시각 (2)	91
미국의 첫 흑인 대통령에 담긴 의의	94

5. 더불어 사는 사회

더불어 사는 공동체	99
불공평한 세상–공평하신 하나님	102
다원화 사회의 종교 갈등	105
수도권과 지방의 심각한 격차	108
신종플루에 담긴 교훈	111
성폭력 사회	114
문명 속의 야만–폭력	118

6. 정의와 공의

사회적 공의	123
"정의란 무엇인가?"	126
법의 권위를 세우려면	130
인권에 대한 우리의 양면성	133
용산 철거민 참사	136
토지 공개념	140
사회 청렴도	143

7. 정치와 경제

그리스도인의 정치적 책임   149
사회 통합을 지향하는 중도의 길   152
미국 산 쇠고기 수입 문제   155
언론 정책의 방향   158
공영방송의 독립   161
양대 선거를 앞둔 그리스도인의 정치적 책임   164
국제사회에서의 책임의식   167
금융 위기가 주는 교훈   170
빚을 두려워하는 삶   173

8. 평화와 화해

평화로 가는 길(1)   179
평화로 가는 길(2)   182
성탄절에 울리는 평화의 소리   186
이스라엘의 가자침공   190
히로시마와 나가사키   193
오바마의 노벨 평화상 수상   196
양심적 병역거부   199
첫 일본 방문기   202
독도 문제를 바라보며   205
세상에서 가장 아름다운 용기   208

9. 통일로 가는 길

긍휼의 힘	213
경색된 남북 관계	216
남과 북의 물 분쟁	220
전쟁과 평화	223
독일통일 20주년을 맞이하여	226
독일교회에서 배울 통일의 길	229

10. 환경을 돌아보는 신앙

신앙과 자연보존 그리고 나눔	239
지구환경을 생각하며	242
창조환경의 청지기적 책임	245
물의 소중함	248
나폴리와 함부르크	251
생활 폐기물을 줄이자	254

11. 교회가 나아가야 할 길

3.1 운동 속의 한국교회	259
노블리스 오블리제	262
국가의 법과 선교에 관하여	265
예멘에서 희생된 그리스도인	268
종교인 과세는 교회의 독일까 득일까?	271
포비아에 사로잡힌 한국교회	274
3.1운동 100주년을 보내면서	277
영광의 신학과 십자가신학	282

추천의 글

올바른 사회의식과 책임의식의 회복

백종국 명예교수 (경상대 정치외교학 명예교수 / 기독교윤리실천운동 이사장)

　최근 한국 개신교는 커다란 위기에 봉착해있습니다. 하나님의 나라보다는 극우적 당파성에 몰두하고 있는 소수의 근본주의 세력으로 인해, 교회 전체가 한국 사회의 적폐세력으로 낙인찍히고 있기 때문입니다. 이러한 때에 사회문제의 복음주의적 해석을 추구하는 최현범 목사님의 시사 컬럼이 발간되어 매우 기쁘게 생각합니다. 그는 개신교의 정치윤리로 박사학위를 받은 후 목회 현장에서 오랫동안 성도들에게 진실로 무엇이 필요한지를 가르쳐 온 목사이자 신학자입니다.

　이 컬럼집은 참된 경건과 함께 동성애, 존엄사, 사회정의, 토지공개념, 양심적 병역 거부, 창조보전신앙, 종교인 과세 등 많은 현실 문제에 대해 정통적이고 균형있는 복음적 해석을 짧고 알기 쉽게 제공하고 있습니다. 저는 이 책이 위기에 봉착한 한국 개신교로 하여금 올바른 사회의식과 책임의식을 회복하게 하는 데 매우 유용한 가이드 북 역할을 하리라 기대하고 있습니다.

추천의 글

그리스도인들의 일상의 영성과 사회 윤리를 회복

안인섭 교수 (총신대 / 기독교통일학회 회장)

　책을 읽는다는 것은 작가의 사상을 들여다 보는 것입니다. 결국 책은 저자가 숨쉬었던 시대의 이야기를 보여주는 창문과 같다고 생각합니다. 이런 의미에서 최현범 목사님의 저서 "세상 한 가운데로 들어가라"는 그가 바라보았던 이 시대의 구석 구석을 기독교적 관점에서 해석하여 그리스도인들에게 깊이 생각할 거리를 제공해 주고 있습니다.

　현대 그리스도인들은 쏟아져 나오는 사회적 문제들의 홍수 속에서 살아가고 있습니다. 더 이상 회피할 수는 없습니다. 그렇다면 교회는 도전해 오는 사회적 이슈들을 어떻게 해석해야 하며 무엇을 해야 하는가? 최현범 목사님은, 그의 박사 학위 공부에도 나타나듯이, 역동적인 정치적 환경 속에서, 그리스도인들은 어떻게 사고하고 행동해야 하는가에 대해서 끝없이 질문을 던지고 답을 제시하고 있습니다. 그래서 방송 칼럼을 기초로 하고 있기 때문에 어렵지 않은 문체로 기록된 본서는, 동시에 깊은 신학적 통찰을 담아내고 있는 것입니다.

　본서는 먼저 시대의 질문에 대한 신학적인 묵상을 한 후에 우리가 살아가면서 일상적으로 경험하는 광범위한 문제들에 대해서 기독교적인 대답을 들려주고 있습니다. 이 책에서 다루는 시사 주제들은 국가, 가정, 교육, 기아, 장애인, 난민, 지방격차, 성폭력, 용산참사, 토지공개념, 언론의 독립, 금융위기, 양심적 병역거부, 이스라엘의 가자침공, 남북평화통일, 환경문제, 그리고 생활폐기물 처리문제 등 매우 광범위하면서도 구체적이고 현실적인 것입니다.

  최목사님의 시사 칼럼집을 다 읽고 나서 느낀 것은 코로나로 인해서 모든 것이 변해가는 어려운 상황 속에서 이 책은 그리스도인들의 일상의 영성과 사회 윤리를 회복하기 위해서 너무나 중요한 안내 책자가 된다는 사실입니다. 이 책이 목회자와 신학생들은 물론 일반 그리스도인들의 손에 꼭 쥐어져 널리 읽혀져서 세상 속에서 점차 초라해 지고 있는 한국 교회가 사회적 책임감을 일깨워서 다시 일어서게 되기를 간절히 소망합니다.

머리말

신앙의 관점에서 이해하는 사회적인 이슈

나는 신학을 하면서부터 한국교회가 균형감을 잃은 채 가지고 있는 두 얼굴에 주목했습니다. 한편으로는 150년의 짧은 교회역사 가운데서 세계가 주목할 만한 성장을 이루면서 여전히 모이기를 힘쓰고 복음전도와 선교에의 열정을 가진 자랑스러운 교회의 얼굴이었습니다. 그러나 다른 한편으로 우리교회는 세상 속에 있음에도 세상과 제대로 소통하지 못하면서 게토처럼 고립되어 보였습니다. 그래서 급변해 가는 사회 속에서, 교회는 사회 문제에 관심도 없고 지식도 없고 더 나아가 아무런 책임의식도 갖지 못했습니다. 이것이 또 다른 한국교회의 얼굴이었습니다.

이처럼 한국교회가 균형감을 잃은 것은 복음에 대한 협소한 이해에 기인하는 것이며, 보다 근본적으로 신학의 문제라는 생각이 들었습니다. 그래서 유학 가서도 계속 이 문제로 씨름 했고, 결국은 "20세기 개신교신학의 정치윤리"(Die politische Ethik der protestantischen Theologie im 20. Jahrhundert)라는 제목으로 논문을 쓰게 되었습니다.

여기서는 먼저 20세기 독일에서 일어난 다양한 정치적인 변화 속에서 개신교 신학은 어떻게 대응했는지, 그리고 그 신학적인 뿌리는 어떤 것인가를 다루었습니다. 특별히 1934년 고백교회가 발표하고 전후 독일 교회의 사회윤리적인 규범이 된 '바르멘 선언'이 논문의 뼈대가 되었습니다. 그리고 이 바르멘 신학에 근거해서 20세기 한국의 개신교에서의 국가와 교회의 관계를 분석해보았습니다.

나는 여기서 연구한 것들을 상아탑 안에서 논하기보다는 목회현장에서 접목하고 적용하고 싶었습니다. 십자가 복음이 무엇인가부터 시작해서 우리가 몸담고 있는 세상이 그 복음 안에서 어떤 의미를 갖는가, 그리고 그 세상에 대해서 그리스도의 제자들이 해야 할 역할과 책임이 무엇인가를 설교와 교육 그리고 목회전반에 담고 싶었습니다. 이를 통해서 교인들의 사고와 신앙의 지평을 넓히고, 할 수 있는 것들을 함께 실천해 가려고 했습니다. 그런 목회과정에서 커다란 보람을 갖기도 하고 때로 큰 벽에 부딪히는 느낌을 갖기도 하고 이 모든 것 속에서 책에서는 배울 수 없는 새로운 깨달음을 얻게 되기도 했습니다.

그러는 가운데 2008년 순수복음방송을 지향하는 부산극동방송으로부터 매주 시사칼럼을 한 번씩 해보자는 제안을 받았습니다. 그 해에 새로 부임한 지사장이 우리 교회를 방문했을 때에 내가 이런 권면을 했었습니다. '극동방송은 우리나라 대부분의 교인들이 즐겨듣는 복음방송인데,

한국 교회의 신앙의 균형을 잡아줄 책임이 있지 않은가? 이 방송에서 나가는 대부분의 설교들이나 프로그램이 주로 교회생활이나 개인 경건생활에 초점이 맞추어져 있는데, 좀 더 사회적인 책임을 다루는 내용들이 필요하지 않은가? 높은 청취율을 갖고 있는 극동방송이 그런 부분도 같이 다루어 주면 교인들이 균형 있는 신앙을 갖는데 큰 힘이 될 것 같다.' 아마도 이것을 숙고한 방송국에서 이런 과감한 프로그램을 도입했던 것 같습니다.

그래서 2008년 하반기부터 약 2년간 '시사칼럼' 이라는 이름으로 매주 방송했는데, 제목 그대로 한 주간에 우리 사회에서 일어난 이슈들을 소개하면서 그것을 기독교적인 시각에서 어떻게 이해하고 또 그와 관련된 그리스도인의 사회적인 책임이 어떤 것인가를 다루어 보았습니다. 아울러 비슷한 시기에 CTS에서 '로뎀나무 아래서' 라는 신앙에세이를 4년 정도 할 기회를 가졌는데, 여기서도 가급적이면 일반 신앙칼럼보다도 시사와 연관된 칼럼을 다루려고 했습니다.

이 방송 프로그램들은 나에게도 많은 것을 생각하고 돌아볼 수 있는 참 좋은 기회였던 것 같습니다. 이 책은 대부분이 이 두 방송에서 한 칼럼들을 선별해서 편집했으며, 그 외에 일부 기독언론에 실었던 글들을 첨가했습니다.

이미 10년이라는 세월이 흐르면서 우리 사회에 많은 변화가 있었고,

정치적인 상황도 많이 바뀌었습니다. 그래서 지금과는 좀 동떨어진, 시사성을 잃어버린 이야기가 될 수도 있습니다. 그러나 다른 한편에서 보면 대부분의 사회적인 문제들이 쉽게 해결되는 것이 아닌 것 같습니다. 10년 전에 다룬 문제들 대부분은 여전히 해결되지 않은 채, 오늘날에도 반복되어 나타나고 있습니다.

　이 글들은 사실 단순히 시사에 관한 정보를 주기 위한 것이 아닙니다. 그런 정보나 사회적인 분석은 신문이나 사회전문서적에서 더 자세히 다루어지고 있습니다. 내가 관심을 가진 것은 사회적인 이슈에 대한 객관적인 정보가 아니라, 그러한 것들을 어떤 신앙적인 관점에서 이해할 것인가 입니다. 그래서 이 세상을 살아가는 그리스도인들로 하여금 우리를 둘러싼 사회와 역사를 올바른 눈으로 바라보고 그것을 믿음 안에서 소화해서 우리가 마땅히 감당해야할 책임의식을 갖게 하려는 것입니다.

　나의 첫 번째 책은 『교회 울타리를 넘어서라』(2019년, 나침반사)였습니다. 그 책은 교회 안에 갇혀있기 쉬운 그리스도인의 신앙을 교회 울타리 밖으로 끌어내려는 시도였습니다. 이번에 출간하는 책은 『세상 한 가운데로 들어가라』입니다. 복잡다단한 세상 한 가운데서 신앙인으로서 어떻게 판단하고 이해하고 실천하면서, 그 세상을 하나님의 말씀과 뜻대로 변화시켜 갈 것인가를 도전하려고 합니다. 이런 시도가 크리스천 독자들에게 유용하고, 한국교회에 조금이라도 보탬이 되기를 바랍니다.

특별히 내가 가장 귀하게 여기고 함께 사역해 온 단체인 기독교윤리실천운동 이사장 백종국교수님과 기독교통일학회 회장 안인섭교수님의 추천사에 감사를 드립니다. 그리고 편집과 교정을 도와준 곽규종목사의 수고와 이런 칼럼의 기회를 준 부산극동방송과 부산CTS에 감사드립니다. 무엇보다도 이것을 즐겨들으면서 응원해주고, 나의 목회의 길에 함께 동행해준 부산중앙교회 교우들과 늘 내 곁에서 기도로 도운 아내에게 감사를 드립니다.

황령산 자락에서 광안대교를 바라보며 최현범 목사

1. 고뇌하는 신앙

- 감추어진 하나님
- 우리가 돌아보아야 할 것들
- 거짓과 진실
- 용서의 뿌리

감추어진 하나님

극동방송 시사칼럼 (2008-12)

흔히 연말에는 다사다난이라는 말을 많이 쓰게 되는데, 돌이켜 보니 올해도 예외는 아닙니다. 올 한해 우리나라나 세계적으로 참으로 많은 일들이 있었습니다. 각 나라마다 다양한 사회정치적인 변화가 있었지만, 무엇보다도 미국 발 금융 쓰나미로 말미암아 찾아온 경제 위기와 경기 침체가 세계 공통으로 맞이한 가장 큰 사건이었던 것 같습니다. 대부분의 경제 전문가들은 새해가 경제적으로 더 어려운 시간이 될 것으로 전망하고 있습니다.

어쨌든 올 한해를 돌아보면 개인적으로나 사회적으로 잘 되고 좋았던 일이 있었는가 하면, 잘못되고 고통스러운 일들도 있었을 것입니다. 고난과 형통을 병행시키시는 하나님의 섭리를 좇아 인간사 속에는 이러한 일들이 늘 반복되어 왔고 또 앞으로도 반복되어 갈 것입니다.

좋은 일이 찾아올 때야 누구나 기뻐하지만, 재난과 불행이 찾아오면 사람들은 고민하면서 "왜 이런 일이 일어났는가?"를 질문하게 됩니다. 그 해

답을 단순히 사람, 자연, 사회 구조 등에서 찾으려고 하는 비신자들과 달리, 하나님을 세상의 왕이요 역사의 주관자로 고백하는 그리스도인들은 "왜 하나님은 인간에게 이러한 고난을 허락하시는가?"로 묻게 됩니다.

사실 이것은 하나님의 공의와, 세상의 악, 그리고 인간이 당면한 고난 사이의 관계에 대해서 명쾌히 알고 싶어 하는 인간의 본능적이면서도 너무나 절실한 질문이라고 봅니다. 이것을 어려운 말로 테오디찌(Theodizee) 곧 신정론이라고 합니다.

이런 부분에서 깊이 있는 신학자 크리스챤 링크 교수의 '하나님의 어두운 면' 이라는 책은 의미심장한 질문들을 던지면서 시작합니다. "장래가 촉망되는 의사가 교육을 받던 중 교통사고로 그의 아내와 함께 한 순간에 유명을 달리했다. 예전의 유고 공화국들과 코카서스에서 폭력이 자행되고 있지만, 우리는 지난 3년 넘게 그저 힘없는 증인으로 바라보고 있어야만 했다. 나아가 히로시마와 드레스덴의 그 철저한 파괴... 어떻게 하나님은 이것을 허용하실 수 있는가?"

우리는 어떠합니까? 그렇게 되어서는 안 된다고 여겨지는 수많은 문제들, 변화되지 않는 답답한 현실들, 그리고 그 앞에서 무기력한 자기 자신 - 이런 현실을 그대로 끌어안고 한 해를 마감하면서 우리 속에서도 이런 질문들이 일어날 것입니다. "왜 나에게? 왜 우리에게? 왜 우리나라에? 왜 이 세계에?"

특별히 오늘날 전 세계적인 재앙이라고 할 수 있는 경제적인 위기와 시련 속에 담긴 하나님의 섭리는 무엇일까요? 왜 하나님은 이런 것을 허용하셨을까요? 하나님이 주시고자 하는 교훈은 과연 무엇일까요? 어느 누구도 그 답을 쉽게 얻을 수는 없지만, 이러한 질문 자체는 참으로 의미 있고 가치 있는 것입니다.

사람들은 어떻게 하면 이 경제 위기를 빨리 극복하고 다시 잘 살 수 있을까에 골몰하지만, 우리 그리스도의 제자들은 도리어 먼저 이런 큰 사건들 속에 감추어진 하나님의 보다 깊은 뜻을 생각하고 헤아릴 줄 알아야 할 것입니다. 너무 쉽게 답을 내면서 마침표를 찍는 것은 바람직한 태도가 아닙니다. 주어진 현실을 하나님의 말씀에 비추어 고민하고 또 연구하려고 하다보면 개인이나 이 사회 속에 주시는 하나님의 메시지를 듣게 될 것입니다.

우리가 당면하는 재난과 시련의 문제에 대해서 한 가지 놓쳐서는 안 되는 해석의 열쇠가 있습니다. 그것은 하나님이 빛의 하나님이요, 사랑의 하나님이라고 하는 사실입니다. 모든 역사의 흐름 속에 이 하나님의 근본적인 섭리는 변함이 없습니다. 쉽게 계시되지 않고 감추어진 그분의 손길 속에, 드러난 것보다 더 진한 사랑과 은총이 배어 있음을 우리는 볼 수 있어야 합니다.

루터는 이사야 45장 15절 말씀을 가지고 '감추어진 하나님'(deus Absconditus)이라는 말을 즐겨 사용했습니다. 비신자들은 예수가 십자가에 못 박혔다는 데서 하나님의 진노를 보고 심지어 하나님이 없다고 생각하지만, 신앙은 십자가에 못 박힌 그분 속에서 하나님의 사랑의 증거를 보게 해준다고 말했습니다. 하나님이 없는 것처럼 여겨지는 현실, 그가 대답하지 않는 것 같고 그의 역사가 멈추어져 있다고 느껴지는 듯한 어두운 현실 속에서 '감추어진 하나님'의 보다 깊은 사랑과 은총을 바라보면서, 이제 한 해를 보내고 또 새로운 한 해를 기대하는 마음으로 맞이합시다.

우리가 돌아보아야 할 것들

CTS 에세이 (2012-01)

　새로운 한해가 시작되었습니다. 우리 모두가 1년 365일이라는 시간의 달란트를 받았습니다. 이것을 잘 사용해 좋은 열매를 많이 맺어 시간의 주인이신 하나님께 칭찬받을 수 있기를 바랍니다.

　인구가 이제 70억이 넘어선 이 지구촌은 해결되어야 할 많은 문제를 안고 2012년을 맞이했습니다. 그러한 과제들 모두가 우리와 무관한 것이 아니라, 우리 신앙의 책임영역에 속해 있는 중요한 것들입니다.

　지구는 우리가 아버지로 고백하는 하나님의 창조물입니다. 인간의 죄를 통로 삼아 들어와 오랫동안 세상을 지배하던 불의와 어둠의 세력들은 그리스도의 사랑의 십자가로 말미암아 그 힘을 잃어버렸습니다. 그리고 사망을 이기고 부활하신 예수 그리스도께서 하늘과 땅의 참된 통치자로 서셨습니다.

그러나 아직 이 좋은 소식(복음)을 알지 못하는 곳에서 어둠은 여전히 활개를 치고 있습니다. 이것은 마치 2차 세계대전 당시 일황이 항복을 선언하였음에도 불구하고, 필리핀의 밀림 속에 살면서 그 소식을 듣지 못한 일본 군인이 여전히 총칼을 들고 원주민들을 위협하고 있었던 것과도 같은 것입니다.

그러므로 주님은 우리가 이 진리의 소식을 세상에 전하고 사람들로 참된 자유를 누리게 하기를 원하십니다. 뿐만 아니라, 죄로 더럽혀진 그의 창조세계를 바르게 회복하여 모든 영역이 그의 통치 아래 있기를 원합니다. 이것을 앞서서 해야 할 사람들이 바로 그리스도의 제자들입니다.

오늘날 세계의 문제와 우리의 과제는 세계개혁교회협의회(WARC)가 처음 제안했던 JPIC 즉 정의(Justice), 평화(Peace), 창조보전(Integrity of Creation)라는 이 세 가지 큰 틀에서 잘 이해할 수 있을 것입니다.

먼저 세상을 창조하신 하나님은 공의의 하나님이시지만, 세상은 여전히 불법과 불의로 얼룩져 있습니다. 우리가 사는 사회에 공법이 물같이 정의가 하수같이 흘러가도록 하는 것이 우리의 사명입니다.

올해 우리는 국회의원과 대통령을 뽑는 두 개의 중대한 선거를 치러야 합니다. 지연이나 학연 등을 앞세워서 사람을 뽑아서는 안 됩니다. 후보자가 교회를 다닌다고 해서 무조건 점수를 주려고 하는 것도 현명한 것이 아닙니다. 교인들은 이것을 유의해야 합니다. 우리는 무엇보다도 이 정치인이 자신의 이익보다 국가와 지역사회를 앞세우는가를 살펴보아야 합니다. 자기 뱃속을 채우려는 부패한 정치인, 머릿속에 공평한 저울이 들어 있지 않은 불의한 사람은 공의를 이룰 수 없습니다. 말로만의 공의가 아니라, 정말 그렇게 살아가고 있고, 그런 정책과 철학을 실천하는 사람을 세워야 합니다.

평화 또한 마찬가지입니다. 우리 주님은 평화의 왕으로 오셨지만, 지구촌 구석구석에서는 여전히 싸움과 테러 그리고 전쟁이 계속되고 있습니다. 무엇보다도 세계 유일의 분단국가인 이 한반도는 김정일의 사후 한 치 앞을 내다볼 수 없는 긴장감에 싸여있습니다. 우리는 평화를 위해서 어떤 값도 지불하려고 해야 하며 이것을 정치인들에게 요구해야합니다. 가급적 빨리 남북 간의 관계를 회복하고 경제교류뿐 아니라, 평화적인 민간교류가 더욱 활발하게 되도록 노력해야 합니다.

마지막으로 창조보존 즉 환경의 문제는 우리 시대의 가장 중요하고도 시급한 문제입니다. 지구온난화와 이로 말미암은 다양한 기후변동과 자연재해들, 가속화되는 극지방의 해빙, 물 자원, 해양자원의 고갈 등등 우리는 수많은 환경문제에 직면해 있습니다. 이는 무엇보다도 하나님이 만드신 창조의 질서를 무시하고 인간 편의를 위해 자행한 무분별한 개발과 탐욕에 그 원인이 있습니다. 이제 어떻게 하나님의 창조세계를 보존하고 지켜갈 수 있을까요?

비록 주님이 오시기까지 이 세상이 죄 없는 파라다이스가 될 수는 없지만, 그가 통치하시는 이 세상에서 더욱 정의롭고 평화로운 사회를 세우고, 아름다운 환경을 지켜나가는 것은 이 시대를 사는 그의 제자들의 중요한 사역임에 틀림없습니다. 올 한해 우리 모두가 각자 살아가는 삶의 자리에서 이러한 책임을 충실히 지켜나갈 수 있기를 바랍니다.

거짓과 진실

시사칼럼 (2009-05)

겟세마네 동산에서 유대인에게 붙잡히신 예수님은 대제사장 가야바의 뜰로 끌려가고 그곳에서 열린 공의회에서 1차 재판을 받게 됩니다. 재판이 열리는 대제사장의 뜰은 한마디로 거짓으로 가득 찬 세계요 거짓의 모든 것이 드러나는 곳이었습니다.

거짓은 크게 두 가지 모습을 하고 있는데 그 하나는 남을 죽이려고 하는 거짓말입니다. 이 뜰에 모인 자들은 예수를 죽이기 위해서 거짓증인을 동원해서 어떻게든 죄를 뒤집어씌우려고 합니다. 소위 권력의 전형적인 수법이지요. 그러나 조작된 증언은 금방 거짓임이 드러날 만큼 서로 상충되고 앞뒤가 맞지 않는 것들이었습니다.

또 다른 하나는 자기가 살려고 하는 거짓말입니다. 대제사장의 뜰에 몰래 들어온 베드로는 그만 그를 알아보는 사람들에게 세 번이나 들켰습니다. 그때마다 베드로는 "나는 저를 모른다." "나는 저와 아무 상관이 없다"면서 세 번이나 거짓말을 했습니다. 그것도 하나님의 이름으로 맹세하고, 심지어 저주문까지 써가면서 말입니다. 죽음이 두려웠기에 살기 위해 거짓말을 한 것입니다.

거짓이라는 것은 죄의 가장 본질적인 속성입니다. 예수님은 마귀를 거짓말쟁이요 거짓의 아비라고 말씀하셨습니다. 그러므로 거짓은 마귀로부터 시작된 것이라는 말씀입니다.

우리가 살고 있는 사회는 한마디로 거짓이 만연한 사회입니다. 여기 유대인들처럼 자신이 적으로 여기는 자를 죽이려고 온갖 거짓을 서슴지 않습니다. 국가권력부터 이 면에서는 선수입니다. 무슨 간첩사건이라고 잡아들이고 심지어 사형까지 시켰지만, 세월이 지나고 나서는 조작극이었음이 밝혀진 것이 한 둘이 아닙니다. 수많은 공권력의 거짓은 민중을 분노하게 했습니다. 거꾸로 오늘날에 와서는 정권을 궁지에 몰아넣기 위해서 신문이나 방송등도 교묘하게 조작된 거짓을 내놓아 국민들을 호도합니다.

베드로와 같이 자기가 살기 위해서 한다는 거짓말은 헤아릴 수도 없습니다. 수억, 수십억의 뇌물을 받고도 돈 한 푼 받지 않았다고 호언하는 정치인들, 거짓으로 비자금을 조성해서 뿌려대는 사업가들, 거짓으로 국민의 세금을 빼돌리는 공무원들, 가짜원산지표기, 가짜 학력, 거짓 이력서, 거짓추천서, 거짓성적표, 거짓보고서 등등 살기 위해서 또는 더 잘 살기 위해서 거짓의 자리에 서는 것을 두려워하지 않습니다. 그러다보니 우리 사회는 그 무엇도 믿기 힘든 불신 사회가 되고 말았습니다.

이러한 사회의 분위기 속에서 우리 그리스도인들의 심령이 상하고 있습니다. 마치 소돔성에서 심령이 상한 롯이 영적으로 타락했던 것 같이, 오늘날 거짓이 만연한 한국사회 속에서 그리스도인들은 영적으로 쉽게 타락하게 됩니다. 거짓의 영에 사로잡혀 거짓말에 익숙한 그리스도인들이 되는 것입니다. 그러나 이것은 우리의 길이 아닙니다.

여기 예수님을 보십시오. 자신을 모함하는 거짓증언들에 대응하지 않고 침묵하시던 예수님은 "네가 하나님의 아들 그리스도인지 우리에게 말하라"는 대제사장의 질문에 당당히 대답하십니다. "네가 말하였느니라 그러나 내가 너희에게 이르노니 이 후에 인자가 권능의 우편에 앉아 있는 것과 하늘 구름을 타고 오는 것을 너희가 보리라" 결국 이 대답으로 신성모독죄로 정죄되어 빌라도에게 끌려갔고 십자가 죽음을 당하였지만, 주님은 굴하지 않았습니다. 왜냐하면 그것이 진실이었기 때문입니다. 이처럼 진실은 위기와 고난을 자초합니다. 그러나 결국은 승리합니다. 왜냐하면 하나님이 진리이시기 때문입니다.

여러분, 우리 그리스도인들은 진리의 자녀입니다. 그러므로 거짓말은 우리에게 이제 어울리지 않습니다. 바울은 이렇게 명합니다. "그런즉 거짓을 버리고 각각 그 이웃과 더불어 참된 것을 말하라 이는 우리가 서로 지체가 됨이라"(엡 4:25)

만약에 그리스도인들이 거짓을 멀리하고, 교회가 진실의 옷을 입는다면, 우리 사회는 지금보다 훨씬 더 믿을 수 있는 사회, 정직이 통하는 사회가 될 것입니다. 비록 진실에 어려움과 시련이 따라온다 할지라도 죽음을 두려워하지 않고 진리에 서신 주님과 같이 언제나 진리에 설수 있는 우리가 되어야 합니다. 이것이 이 거짓된 세대에 우리가 져야할 십자가입니다. 이 십자가를 지는 그의 제자들이 되기를 바랍니다.

용서의 뿌리

CTS (2007-09)

지난 달 24일 미국 연방법원에서는 과거 KKK단원이자 경찰관이었던 72세의 제임스 실에게 40년전 흑인 인권운동가를 살해한 혐의로 종신형을 내렸습니다. 이와 관련해서 2년 전에는 같은 KKK단원이면서 전도사였던 80세의 레이 킬런에게 60년 형이 언도되었습니다.

이들과 관련된 인종차별의 비극은 "미시시피 버닝"이라는 영화로 만들어져서 사람들에게 소개되었습니다. 나는 독일에서 이 영화를 보았는데, 독일에서는 그 영화 제목을 "미움의 뿌리"로 고쳐서 상영했습니다. 영화 전체 절절이 백인들이 얼마나 흑인을 미워하는지를 누구나 가슴으로 느낄 수 있었습니다.

그렇게 미울 수가 없습니다. 히틀러 시절 독일인들이 유대인들을 바로 그렇게 미워했을 것입니다. 그 미움의 뿌리가 히틀러의 독일인에게만 있는 줄 알았더니 미국인에게도 있었습니다. 그리고 재미있는 것은 독일인에게 그토록 비인간적인 아픔을 겪었던 유대인들 역시 오늘날 팔레스틴인들에게 꼭같은 자세로 대하고 있습니다.

그러나 이 미움의 뿌리는 독일인이나 미국인이나 이스라엘인들 뿐 아닙니다. 우리의 근세역사 속에서 이 미움은 얼마나 무섭게 작용했습니까? 전쟁과 폭력, 고문과 억울한 죽음, 극심한 이념분쟁과 정치적인 대립 - 그러고 보니 우리 모든 인간 속에 이 미움이 있음을 보게 됩니다.

특별히 오늘날 인터넷에 들어가서 댓글을 살펴보면 인간 속에 심겨진 미움의 뿌리가 얼마나 깊고, 실상이 얼마나 추악한 것인가를 어렵지 않게 찾을 수 있습니다. 얼굴과 신분을 드러내지 않는 온라인 상에서 사람들은 수많은 언어의 폭력과 함께 그 숨겨진 미움의 뿌리를 드러내고 마음껏 발산합니다. 그리고 그 미움의 글들은 서로에게 상처를 주고, 그 상처는 한이 되고 그 한은 또 다른 미움을 낳는 악순환이 이루어져서 우리 사회를 각박하게 만드는 것입니다.

미움이 얼마나 파괴적인가를 우리는 삶에서 경험하여 잘 알고 있습니다. 그것은 먼저 나를 병들게 하고, 또 남을 파괴하며, 공동체를 황폐하게 만듭니다. 그래서 우리 모두가 가해자이면서 동시에 피해자가 되는 것입니다.

그런데 세상에는 또 다른 뿌리가 있습니다. 그것은 용서의 뿌리입니다. 그 용서의 뿌리는 바로 예수 그리스도이십니다. 그는 미움이 들끓고 있는 십자가의 현장에서 자기를 못박고, 억울하게 하고, 조소와 멸시를 보내는 자들을 위해 이렇게 기도했습니다. "아버지여 저희를 사하여 주옵소서. 자기의 하는 것을 알지 못함이니이다."(눅23:34) 그것은 바로 용서의 뿌리였습니다.

주님은 우리 믿는 자들 속에 이 용서의 뿌리를 심어주셨습니다. 우리는 용서를 받았고, 용서를 배웠습니다. 그러므로 주께서 하신 것같이 우리 믿는 자들이 먼저 용서합시다! 남편을 용서하고 아내를 용서하고 부모를 용서하고 자식을 용서하고, 교인들을 용서하고, 세상에서 나에게 손해를 입힌 자, 고통을 준 자를 용서합시다.

용서는 먼저 나를 행복하고 자유롭게 해줄 것입니다. 그리고 용서받은 남을 행복하게 만들고 이 미움으로 만연한 우리 사회를 치유해 줄 것입니다. 용서의 사람이 됩시다!

2. 시대를 바라보는 신앙

- 사회와 역사를 의식하는 교회
- 세 가지 예배
- 의에 주리고 목마른 자
- 하나님나라와 세상 나라
- 교회와 국가
- 정치적인 분별력을 키우자

사회와 역사를 의식하는 교회

CTS (2011-01)

사람은 누구나 자신에게 직접적인 영향을 주는 영역에 관심을 갖기 마련입니다. 얼마 전 대학 합격자 발표가 있었습니다. 연말연시면 고3 학부모들은 온 정신이 여기에 쏠려있을 것입니다. 그러나 이미 자식을 다 키워 결혼시킨 분들은 수능 날이 언제인지조차 별 관심을 갖지 않습니다. 자연스러운 일이겠지요.

또 사람은 자신이 몸을 담고 있고 강한 소속감을 느끼는 곳에 관심과 책임의식을 갖게 됩니다. 이것이 내 교회다라는 소속감을 느끼는 사람과 그저 손님처럼 교회문턱을 넘나드는 사람 속에 교회에 대한 관심과 책임의식이 같을 수가 없겠지요.

이와 같이 많은 그리스도인들은 관심과 소속감을 중심으로 자신의 믿음과 삶의 자리를 주로 가정, 교회, 직장이나 좁은 인간 관계등으로 국한해서 생각하게 됩니다. 주로 이 영역에 말씀을 적용하고 실천하면서 신앙생활을 하게 됩니다.

조금 더 넓게 사회나 국가 또는 세계에서 일어나는 일들은 자신에게 직접적인 영향을 주지 않음으로 인해서 무관심해지기 쉽습니다. 그러나 조금만 깊이 생각해보면, 사회나 국가의 문제가 우리들의 삶과 경건에 얼마나 중대한 영향을 미치는지 알게 됩니다.

예를 하나 들어봅시다. 영국에서는 1807년 노예무역폐지법이 성립되고, 1833년 노예제도가 폐지되었습니다. 그 이전까지는 경건한 영국인들조차 사람을 노예로 부리고 노예로 팔아넘기는 행위를 별로 죄악시하지 못했습니다. 많은 사람들이 인권유린의 주동자가 되어있었던 것입니다.

그러나 이 법이 통과되고 노예제도가 폐지되면서 영국의 그리스도인들은 이제 자연스럽게 이런 죄에서 벗어나게 되었습니다. 이 노예해방에 있어서 당시 하원의원으로 복음주의자였던 윌버포스의 역할이 결정적이었습니다.

미국의 경우는 이보다 30년 뒤인 1865년에 링컨에 의해서 노예해방이 선언되고 노예제가 폐지되었습니다. 그러나 1963년 마틴루터 킹 목사는 링컨기념관에서 연설하면서, 링컨이 노예 해방을 선언한지 100년이 지났지만, 아직도 미국 사회는 인종차별의 족쇄 속에 살고 있다고 소리 높여 외치며 인종차별의 종말을 호소했습니다. 5년 뒤 그는 암살당했지만, 그의 올바른 믿음과 사상과 메시지는 미국 사회를 끊임없이 뒤흔들면서 마침내 40년 뒤 최초의 흑인대통령이 세워지게 역사적인 사건으로 이어졌습니다. 노예해방과 인종차별철폐의 오랜 과정을 통해서 교회는 비로

소 인간을 차별하지 말라고 하는 성경 본래의 가르침으로 돌아올 수 있었던 것입니다.

이처럼 한 나라의 정책이나 사회의 풍습, 문화적인 유행, 세계의 거대한 흐름 속에는 보이지 않는 다양한 가치관들이 내재되어 있고, 그것은 직간접적으로 우리들의 삶과 신앙에 영향을 미치기 마련입니다. 이러한 것들 중에 어떤 것들은 하나님의 말씀에 합하기도 하지만, 어떤 것들은 죄의 왜곡된 모습을 갖고 하나님의 말씀과 정면으로 대치하기도 합니다. 그러므로 이것을 잘 분별하는 눈을 갖는 것이 거대한 영적인 전쟁에서 얼마나 중요한 것인지 말할 나위도 없을 것입니다.

그러므로 교회는 우리가 몸담고 있는 세상의 다양한 정치, 과학, 문화 등이 하나님의 말씀에 합당한 것인가를 바르게 분별할 수 있어야 하고 그것을 위해서 사회와 역사를 항상 의식해야 합니다. 사회와 역사를 의식하는 교회 그런 교회가 복음으로 세상을 변혁하는 참다운 빛과 소금의 교회인 것입니다.

세 가지 예배

CTS (2010-02)

한해를 시작한 것이 엊그제 같은 데 벌써 봄이 다가왔습니다. 시간은 참 화살과 같이 지나갑니다. 시간은 하나님이 우리 인간에게 주신 가장 소중한 자본이요 달란트입니다. 이 주어진 시간 속에서 우리가 우선해서 해야 할 일은 그의 이름에 합당한 예배를 드리는 것입니다. 예배는 주의 면전에서 그를 섬기며 행하는 모든 삶을 가리킵니다.

우선 예배하면 우리는 주일에 교회당에서 드리는 공적인 예배를 생각하게 됩니다. 구별된 시간에 구별된 장소에서 성도들과 함께 드리는 예배 속에서 우리는 가장 강하게 주님의 임재를 느끼고, 그분 앞에 정직하고 진실한 마음을 갖고 서며, 성령의 치유와 회복을 경험할 수 있습니다. 그러므로 이러한 회중예배는 일주일의 한 시간에 불과한 것이 아니라, 일주일의 중심인 것입니다.

그러나 예배는 이것으로 끝나지 않습니다. 주일예배 후 우리는 교회당과 회중을 떠나는 것이지 하나님을 떠나는 것이 아닙니다. 가정에서, 직장에서, 사회 속에서 동일하게 주님을 모시고 그 분과 동행하며 사는 것입니다. 그곳에서 이 세대를 본받지 말고 하나님의 선하시고 기뻐하시고 온전하신 뜻이 무엇인지 분별하여 행하며, 맡겨진 일에 충실한 자가 되는 것입니다. 우리가 만나는 모든 사람을 그리스도의 사랑으로 섬기며, 그들에게 예수 그리스도를 증거하는 자가 되는 것 이것이 모든 삶의 영역에서 드려야할 삶의 예배 즉 영적예배입니다.

그러나 우리의 예배는 또 이것으로 끝나는 것이 아닙니다. 우리들은 경건이라는 것을 자신의 내면의 세계, 가정이나 장사, 사업, 관계하는 사람, 교회의 일등 개인적인 범주 안에 가두기 쉽습니다. 이러한 세계 속에서 말씀을 적용하고 순종하면서 정직하고 성실하게 살아가는 것을 신앙의 전부로 생각합니다. 이것이 과거 독일의 경건주의에서 나타나는 소위 '소시민적인 신앙' 입니다. 이러한 '소시민적인 신앙' 은 사회구조적인 문제에 대해서 무관심했고, 그것은 후에 나치가 등장하는데 적지 않은 공헌을 하고 말았습니다.

이제 우리는 이런 개인의 삶을 둘러싸고 있는 사회전체를 볼 수 있어야 합니다. 우리가 잘 아는 것처럼 개인의 삶은 사회전체 구조와 분리된 것이 아닙니다. 자녀를 훌륭하게 키우고 싶다고 하는 모든 부모의 꿈은 가정교육으로만 이루어질 수 있는 것이 아닙니다. 공교육을 만들어가는 국가의 교육정책이 결정적인 역할을 하게 됩니다. 열심히 성실하게 일해도 불의한 경제구조는 빈곤의 악순환에서 벗어나지 못하게 만들고, 지역균형발전이냐 수도권우선정책이냐가 그곳에 사는 사람들의 삶의 여건과 환경을 좌우하게 되는 것입니다.

　가게를 얻어 열심히 살려고 했던 그저 평범한 상인들이, 국가 개발정책의 왜곡된 과정에서 일어난 용산참사의 비극 속에서 불행의 나락으로 굴러 떨어지는 모습을 우리는 목격했습니다. 정치와 정치인, 국가권력이 개인의 행복과 불행에 얼마나 큰 영향을 미치는가의 실제적인 예들을 열거하는 것은 어려운 일이 아닙니다.

　그러므로 하나님의 말씀을 가진 우리 그리스도인의 신앙행위는 개인 경건에 머무는 것이 아니라, 그 개인의 삶을 규정해 주는 정치의 영역에 대한 관심과 책임을 포괄하지 않을 수 없습니다. 가정이나 직장, 대인관계에서 무엇이 하나님의 뜻인가를 놓고 고민하듯이, 사회구조적인 문제를 놓고 어떻게 하는 것이 보다 합당한 하나님의 뜻인가를 고민할 수 있어야 합니다.

　하나님의 주권과 통치는 온 우주에 미치고 있습니다. 교회와 가정을 성결하고 바르게 세워가려고 하듯이, 국가사회를 바르게 세워가려는 해야 하며 이것이 바로 우리가 드려야 할 정치적인 예배입니다.

　스코틀랜드는 칼빈주의자 존 녹스의 지도하에 1560년 스코틀랜드신앙고백서를 채택했는데, 그 중 제24항에서 왕과 군주가 갖추어야 할 정치적인 의무를 말하고 있습니다. 1938년 칼 바르트는 스코틀랜드의 에버딘 대학에서 이것을 해석하는 가운데, 하나님은 교회의 주인 일 뿐 아니라 정치적 질서의 차원으로서 세상의 주인이라고 하면서, 사회 속에서 우리의 이러한 예언자적인 행위를 "정치적인 예배"라고 표현했다.

　올 한해 우리는 교회 회중 가운데서의 예배, 개인의 삶 속에서의 예배 그리고 국가사회영역 속에서의 예배를 통해서 하나님을 영화롭게 하고,

그가 주인 되신 이 세상을 보다 의롭고 성결하게 빚어가는 그리스도의 제자의 삶을 살아갈 수 있기를 바랍니다.

의에 주리고 목마른 자

시사칼럼 (2009-08)

2006년 8월 3일 밤 일본 도야마발 오사카 행 특급열차 안에서 한 치한이 옆 자리에 앉은 20대 젊은 여성을 성추행하다가 화장실에 끌고 가 30분간 성폭행을 하는 일이 있었습니다. 그런데 이 차량에 함께 있던 40여 명의 승객은 피해 여성이 울면서 화장실로 끌려가는 것을 뻔히 보고서도 이를 제지하지 않은 것으로 밝혀져 일본 사회에 충격을 주었습니다. 승객들은 "뭘 쳐다보고 있어!"라는 치한의 고함소리에 위협을 느끼면서 제지하기는커녕 승무원에게 신고조차 하지 않았던 것입니다. 여러분이면 이런 상황에서 어떻게 하겠습니까?

이처럼 사회 일각에서 불의한 일이 벌어지고 있고 이로 인하여 억울한 희생자가 생겨도 다수의 대중들은 눈감고 못 본 체하든지, 그건 나와 무관하다면서 침묵하든지, 또는 괜한 평지풍파를 일으켜 좋을 것이 없다는 식의 보신주의로 흘러가기 쉽습니다. 심지어 죄책감에서 벗어나기 위해서 목격한 객관적인 사실조차 부인하려는 경향을 보이기도 합니다.

사회학자이자 인권운동가인 스탠리 코언은 세상에서 수많은 인권 침해와 이로 인한 아픔과 고통이 가중되고 반복되는 데에는, 불의한 가해자뿐 아니라 방관자의 완고한 '부인' 의 태도가 함께 자리 잡고 있다고 말합니다. 가해자가 불의한 일을 감행하는 것은 이를 보면서도 방관하는 일반 대중의 태도와 무관치 않으며 도리어 일반 대중의 완고한 부인은 가해 권력의 행위를 정당화해 준다는 것입니다. 그러므로 불의에 대한 방관과 무관심 그리고 무책임은 불의에 대한 암묵적인 동조라고 말할 수 있습니다.

독일의 신학자 본 회퍼는 "한 미친 운전사로 인해서 많은 사람들이 부상을 입고 있을 때에 우리가 무엇을 해야겠는가" 라는 질문을 했습니다. 물론 그로 인해서 부상당한 사람들을 따라다니며 치료해주는 일을 하거나 하나님께 이를 멈추게 해달라고 기도할 수도 있지만, 그것만으로는 부족하다는 것입니다. 우리의 책임은 이 미친 운전사를 운전석에서 끌어내려 더 이상 차를 몰지 못하게 해야 하는 데까지 있다는 것입니다. 자신의 말처럼 본 회퍼는 히틀러 암살 계획에 가담했고, 결국 붙잡혀서 형장의 이슬로 사라졌습니다. 유능한 한 신학자가 젊은 나이에 세상을 떠난 아쉬움이 크지만, 그는 행동하는 믿음을 통해 전후 어느 신학자보다도 교회와 사회에 많은 영향을 끼쳤던 것입니다.

우리가 믿는 하나님은 의로운 분이십니다. 의는 세상 주권자요, 심판자이신 하나님의 속성입니다. 하나님의 아들 예수 그리스도께서 우리의 죄 값을 치르기 위해서 처절한 죽음을 당하신 것은, 하나님은 사랑이면서 동시에 공의로운 분이심을 지키기 위한 것이었습니다. 다시 말해서 자신의 아들을 죽이면서까지 하나님은 의를 지키려고 하신 분이라는 사실입니다.

그러므로 예수 그리스도의 사람들은 의의 자녀로 누구보다도 의에 주리고 목마른 자들이어야 합니다. 불의한 것을 보고 방관하고 무관심한 것은 그리스도인의 책임 윤리와 전혀 맞지 않는 것입니다. 사회정의를 위한 노력은 복음전파와 마찬가지로 의로운 자녀의 당연한 책무입니다.

세상의 불의에 대해서 교회는 때로 예언자적인 자리에도 설 수 있어야 하고, 세상 권력에 당당히 맞설 수 있어야 합니다. 헬무트 골비처가 지적한 바와 같이 우리 그리스도인들은, 하나님을 부인하는 불신자들이 목숨을 바쳐 투쟁하며 희생하여 일궈낸 민주화의 열매를 따먹는 것으로 만족하는 무책임한 자리에 서서는 안 됩니다.

우리 사회는 그 동안 민주화의 발전이 있었지만, 사회 구석구석에는 여전히 불의한 요소들이 많이 감추어져 있습니다. 권력자들의 그럴듯한 언어의 유희와 이들을 두호하는 언론 이면에 숨겨진 객관적인 사회 실상을 정확하게 볼 수 있는 눈이 필요한 때입니다. 자기 나름대로 옳다고 설정한 목표를 위해서 온갖 통계를 조작하고 사실을 은폐하려고 하는 권력의 속성을 읽어야 하며, 법치와 공법을 앞세우면서 자행되는 다양한 인권침해와 부조리를 헤아릴 수 있어야 합니다.

아울러 이 사회 속에 의를 세워가기 위해서는 어떤 어려움과 박해도 감수할 수 있어야 합니다. 그러므로 우리에게는 종종 믿음의 용기가 필요합니다. 가장 공의로우신 하나님의 자녀인 그리스도인들이 의의 횃불이 되어 이 사회를 보다 밝게 비추어 나가도록 합시다.

하나님나라와 세상나라

CTS (2009-10)

하나님나라와 세상나라 사이의 관계는 어떤 것일까요? 세상국가라고 하는 것은 아주 오래전부터 있어왔습니다. 국가는 인간이 범죄한 이후에 세워진 것이지만, 죄의 산물이기보다는 죄 아래 살고 있는 인간을 위한 하나님의 선물이라고 할 수 있습니다. 만일 국가와 통치권이 없다면 죄성으로 가득한 인간들은 홉스가 표현한 바대로 "만인의 만인에 대한 투쟁" 속에서 자기보존이 불가능한 상태가 될 수밖에 없기 때문입니다. 그래서 성경은 국가의 권세가 위로부터 즉 하나님으로부터 주어지는 것이라고 가르치고 있습니다.

그러나 이러한 국가가 하나님의 뜻과 가르침대로 형성 유지되는 것은 아닙니다. 죄로 인하여 왜곡된 인간 대부분은 권력을 오용하여 힘없는 백성을 억압하고 착취하는 도구로 사용했고, 나아가 자기 영토를 넘어서 이웃나라를 정복하고자 전쟁을 일으키는 일을 반복했습니다. 이 왜곡된 국가의 배후에는 하나님의 창조세계를 끊임없이 오염하고 타락시키면서 흑암 권세자요 세상임금이라고 일컫는 사단이라는 영적존재가 있었습니다.

그런 가운데 이 세상에 속하지 않은 하나님의 나라가 도래했습니다. 공의와 사랑의 하나님이 직접 통치하시는 참된 국가가 도래한 것입니다. 예수 그리스도가 바로 그 나라요, 왕이었습니다. 그가 오시자 세상을 지배하던 어둠의 세력이 물러가기 시작했습니다. 그리고 십자가에서 대속의 죽음과 부활을 통해 인간의 죄를 멸하심으로, 죄를 근거로 세상을 지배하던 사단은 그 권세를 잃어버렸고, 세상임금의 자리에서 쫓겨났습니다.

우리 주님은 승천하여 하나님 우편에 앉으심으로 하늘과 땅의 권세를 가지시고 세상을 다스리십니다. 과거 사단에 의해서 지배당하고 억눌려 왜곡되었던 각 사람은 이제 다시 하나님의 은혜 아래서 치유되어야 합니다.

국가 역시 마찬가지입니다. 골 2:10의 표현처럼 이제 모든 통치자와 권세들의 머리는 더 이상 사단이 아니라, 우리 주님이십니다. 십자가를 통해서 모든 인간뿐 아니라, 국가를 비롯한 모든 만유가 사단의 권세에서 해방되었습니다.

그러나 세상국가는 이 사실을 보고 깨달을 눈이 없습니다. 그러므로 이 모든 것을 보고 있고 알고 있는 교회는 이것을 세상 국가에 가르칠 책임이 있습니다. 교회의 모든 규범이 머리되신 예수 그리스도와 그의 말씀인 것처럼, 국가 행위의 기준 역시 그의 주인 되신 예수 그리스도와 그 말씀이 되어야 합니다.

그러나 이 말은 교회가 국가에 성경의 세세항목을 문자적으로 강요하거나 하나님나라와 일치시켜야 한다는 말이 아닙니다. 과거 기독교역사에서는 이런 식으로 지상의 국가를 하나님나라로 만들려했던 신정론자들이 있었고, 성경의 세세항목을 들이대며 정치에 간섭하려고 하는 자들이 있었습니다.

교회는 무엇보다도 성경 속에서 국가를 허락하신 하나님의 근본 뜻을 잘 살펴야 합니다. 시대에 매이지 않는 국가의 원리를 성경은 담고 있습니다. 또한 이 땅에 임한 하나님나라의 원리를 연구해야 합니다. 아울러 세상국가 즉 정치에 대한 깊은 지식과 이해를 갖고 이 두 세계 사이에서 적용가능한 길을 찾아줄 수 있어야 합니다. 이것은 어떤 세세한 정책이 아니라, 국가가 지향해야할 방향과 길을 제시해주는 것입니다.

아직도 죄가 관영하고 사단이 미혹하는 세상 속에서 국가는 자신의 역할을 망각하고 여전히 불의의 도구가 될 수 있습니다. 그러므로 하나님나라에 속한 우리 그리스도인들은 세상국가의 파수꾼과 예언자가 되어, 세상나라가 보다 더 그의 주인 된 그리스도의 뜻에 합당한 공의와 사랑, 평화의 나라가 되도록 섬겨가야 합니다. 이러한 정치적인 책임을 잘 감당하는 한국의 그리스도인들이 되기를 바랍니다.

교회와 국가

시사칼럼 (2009-08)

　신앙과 정치는 어떤 관계를 갖고 있을까요? 하나님나라에 속해 있는 우리 그리스도인들에게 세상의 국가란 어떤 의미를 갖고 있는 것일까요? 그리스도인은 정치나 사회 구조적인 문제에 대해서 어떤 자세를 취해야 할까요? 이러한 질문들은 누구나 단번에 대답할 수 있는 쉬운 것은 아니지만, 답을 찾기 위해서 노력할 가치가 있는 아주 중요한 질문들이라고 생각합니다.

　AD 390년 로마의 데오도시우스 황제가 데살로니가에서 일어난 반란을 진압하면서 시민 7천명을 극장에 모아 학살한 사건이 있었습니다. 당시 밀라노의 감독이었던 암브로시우는 하나님의 말씀에서 벗어난 이 비인간적인 만행을 놓고 황제를 강하게 책망하면서 그를 8개월 간 파문하였고, 이에 굴복한 황제는 그해 성탄절에 자신의 죄를 공개적으로 통회 자복하였습니다. 암브로시우는 황제에게 보낸 서신에서 교회의 감독은 신앙과 관련된 인간사에 대해 자유롭게 교훈할 수 있어야 한다고 강조하였는데, 그 인간사에는 당연히 정치적인 일도 포함되었습니다. 그것이 결코 예외가 될 수 없었던 것입니다. 이 사건은 교회가 하나님의 말씀에 입각해서 세상을 가르치려고 할 때에, 원하든 원하지 않든 정치에 영향을 미칠 수밖에 없음을 보여주는 증거입니다.

이후 중세로 접어들면서 교회와 국가, 교황과 황제 사이의 힘겨루기가 진행되었습니다. 그 결과 한 지역을 관장하는 비숍이 자기 군대를 갖는 등 가톨릭교회는 세속 권력을 행사하면서 정치와 뒤엉키는 그야말로 부정적인 의미의 정치화에 빠지게 되었습니다.

그러므로 종교개혁자 마틴 루터는 가톨릭교회의 타락의 원인을 정치와 종교의 혼합이라고 규정하면서, 정치와 종교의 분리를 강조하여 교회는 정치의 일에 관여하지 말고 국가는 교회의 일에 관여하지 않도록 했습니다. 이를 두왕국설이라고 말하는데, 이후 개신교의 중요한 정치 윤리로 자리 잡게 되었습니다.

이처럼 가톨릭의 정교혼합에 대한 반작용으로 나온 루터의 두왕국설은 분리에 대한 강조로 말미암아 또 다른 문제를 야기할 수밖에 없었습니다. 그리스도인들이 정치를 부정적인 죄의 산물로 보면서 이를 신앙의 범주에 넣지 않게 되었고, 그 결과 정치적인 무관심과 무책임을 낳게 되었습니다. 개인 경건과 교회 사역이나 선교에서는 열정이 있고 모범이 되지만, 사회 구조적인 악에 대해서 침묵 내지는 방조를 일삼고 나아가 아무 의식없이 지지하고 동참하면서도 양심에 아무런 거리낌을 갖지 않는 기형적인 그리스도인들로 만들어지게 된 것입니다.

그러나 한 세대 뒤에 활동한 칼빈은 이 세상에 하나님의 통치가 미치지 않는 영역은 한 곳도 없다며 하나님의 주권을 강조하였고, 이것은 또 다른 정치윤리의 신학적인 토대가 되었습니다. 두왕국설이 국가의 역할을 단지 국민의 안전과 죄를 막는 것에 포인트를 둔 것과 달리 그는 하나님의 공의 실현을 국가의 중요한 과제로 이해했고, 이러한 과제를 바르게 이행하지 못하는 권력에 대해서 국민이 저항권까지 가질 수 있음을 인정했습니다.

이러한 칼빈의 하나님 주권설은 그리스도인들의 적극적인 정치 참여를 가능하게 만들었습니다. 독일의 기독사회학자인 에른스트 트뢸취에 의하면, 권위적이고 폐쇄적인 독일과 달리 스코틀랜드와 영국, 네덜란드 등의 서유럽에서 민주주의가 일찍 꽃을 피운 것은 칼빈주의(개혁주의)가 바탕이 되었기 때문이라는 것입니다. 후에 칼빈주의는 독일 나치시대 고백교회가 만든 바르멘선언의 신학적인 밑받침이 되었고, 이 바르멘선언은 현대 기독교의 가장 모범적인 정치 윤리의 근간으로 세워지게 되었던 것입니다.

우리나라는 짧은 기독교 역사에서 교회와 국가에 대한 다양한 경험을 하였습니다. 3.1운동까지 그리스도인들은 국가에 대한 책임의식을 갖고 정치에 적극적으로 참여하였지만, 그 이후 철저히 정교분리로 돌아서면서 정치적인 무관심과 무책임으로 일관했습니다. 다른 한편으로 교인들에게 이렇게 가르쳤던 교단의 지도자들은 일제와 독재 정권에 적극적으로 협력하고 지지하면서 정치적인 편력을 보이는 이중성에 빠지기도 했습니다.

이제 우리 그리스도인들은 한편으로는 정치적인 무관심, 다른 한편으로는 교회의 정치화를 경계하면서, 건강한 정치적인 책임 의식을 갖고 이 땅에서 하나님의 공의와 평화를 실현하는 제자의 길을 성실히 걸어가도록 합시다.

정치적인 분별력을 키우자

시사칼럼 (2008-06)

근간에 우리 한국 사회에는 많은 소동이 있었습니다. 미국 쇠고기 수입 문제로 인하여 촛불집회가 계속되었고, 6월 10일은 수십만 명이 모이는 대규모 집회로 발전되었습니다. 높은 지지율로 순탄하게 갈 것 같았던 이명박 정부는 겨우 100일을 넘기면서 큰 정치적 위기를 맞이하게 되었습니다.

다행스럽게도 이 대통령은 지금까지 해온 것처럼 자신의 정책을 밀어붙이지 않고 촛불집회에 나타난 민의를 겸허히 받아들이면서 지난 19일 대국민 사과와 함께 쇠고기 수입 문제를 바르게 잘 풀어갈 것을 약속하고, 그 동안의 잘못된 인선을 돌이켜 새로운 인사들을 세울 것이며, 앞으로 국민이 원하지 않는 사업을 강행하지 않겠다고 했습니다.

결국 이 촛불집회는 우리 정치사에 하나의 긍정적인 사건으로 기록될 것입니다. 일부 교계 인사들 중에는 섣부르게 무조건 대통령의 정책을 옹호하며, 촛불집회를 폄하하고 심지어 광우병 문제가 없다는 식의 무책임한 발언을 하면서 기독교 전체가 여론의 뭇매를 맞기도 했습니다.

그러나 한국 기독교를 대표하는 한기총은 촛불집회를 민심의 발효로 평가하면서 촛불집회에 나타난 민심을 폄하하거나 반대로 이것을 이념 대립이나 정권퇴진 운동으로 이용해서는 안 된다고 경계하고 아울러 대통령과 정부 여당이 국민의 소리를 듣고 낮은 자세로 변화되기를 촉구하였습니다.

많은 성도들은 이번 일련의 사태를 보며 그리스도인으로서 어떤 판단을 가지고 어떤 자세로 서야할지 매우 고민했을 것입니다. 물론 앞으로도 이러한 고민과 갈등은 계속 될 것인데, 나는 우리가 고민하고 갈등하는 것이 아주 좋은 현상이라고 생각합니다.

마땅히 고민하고 갈등해야하는 문제를 단순화하고 당연하게 생각하는 것이 사실 더 큰 문제라고 봅니다. 선입견이나 고착된 시야를 갖고 자기의 틀에 맞는 이야기만 들으려 하고, 자신과 다른 정당의 의견이나 주장들은 들으려고 하지 않을 뿐 아니라, 무조건 정죄하려고 하는 생각은 우리 그리스도인들에게 전혀 어울리지 않는 태도라 할 것입니다.

우리의 진정한 시민권이 하나님나라에 있다면, 성도들이야말로 이 세상의 나그네로서 어느 누구보다도 자유로운 사고와 객관적인 판단을 할 수 있는 사람들입니다. 어떤 특정한 정치 이념에 편향되어 억지 주장에 길들여져서는 안 됩니다. 이 세상에는 자신의 정치적인 신념을 위해서 사실을 왜곡하고 거짓을 당연시하는 사람들과 언론 매체들이 많이 있습니다.

우리는 세상에서 자유인으로서 사실을 객관적으로 보려고 하는 시각을 키우고, 세상을 보는 사고와 안목을 넓혀갈 수 있어야 합니다. 잘한 것은 잘했다고 말하고 잘못한 것은 잘못했다고 할 수 있는 양심적인 시민들이 많이 있을 때에 그 사회는 정의롭게 발전해 갈 수 있을 것입니다.

이것을 위해서 우리 사회 같이 이념 논쟁이 심하고 극단적인 사람들이 난무하는 데서는 진보의 소리와 보수의 소리를 다 들을 수 있어야 합니다. 다시 말해서 한쪽 정보에만 귀를 기울이지 말고 다른 정보도 끊임없이 들으려고 해야 합니다. 그래서 보다 객관적인 판단력을 키우고 옳고 그름을 분별해 갈 줄 알아야 하는 것입니다.

우리나라의 정치가 진정으로 발전하려면 어떤 이념이나 지방색 등에 물들지 않은, 양식이 있고 건전한 분별력을 가진 시민 층이 두텁게 형성되어야 합니다. 그래서 그야말로 건전한 보수와 건전한 진보가 다수를 차지해야 합니다.

이것은 누구보다도 진리와 양심을 소중히 여기는 우리 시대의 그리스도인들이 만들어 가야 할 과제일 것입니다. 하나님의 말씀은 오늘날 이런 구체적인 정치적 현실에서 우리의 어떤 판단과 행동을 요구하고 있다고 생각합니까? 다 함께 고민해 봅시다.

3. 가정과 교육

가정제도의 변화

동성애와 차별문제

행복한 노년

존엄사를 생각해 봅시다

우리 교육 이대로 좋은가

신뢰받는 사회

가정 제도의 변화

CTS (2009-05)

　5월은 특별히 우리와 우리 이웃의 가정을 돌아보는 달입니다. 새로운 밀레니움을 앞두고 독일의 유력주간지인 슈피겔지에서는 "전통적인 가정의 종말"이라는 부제를 달고 가정문제를 테마로 다룬 적이 있었습니다. 거기서 오스트리아의 사회학자인 레오폴드 로젠마이어는 "이제 전통적인 가정제도가 막을 내리고 새로운 가정의 시대가 시작되었다."고 주장했습니다. 혼전성관계, 동거커플, 독신주의자들, 동성애자의 증가와 높은 이혼율 등등 이 시대의 트렌드는 혼인을 가볍게 여긴다는 것입니다. 그러면서 이런 사회의 변화에 따라 국가나 법도 전통적인 결혼제도를 고집해서는 안 된다고 말합니다.

　서구사람들이 느끼는 정도는 아니지만, 뭔가 우리도 가정문화의 많은 변화를 감지하고 있습니다. 혼전성관계, 동거나 독신에 대해서도 과거에 비해서 훨씬 관용적인 추세입니다. 무엇보다 가장 큰 변화는 이혼의 급격한 증가입니다. 우리나라의 경우 결혼 대비 이혼율이 1980년 5.9%, 90년 11.4%로 비교적 낮은 수준을 유지하다 10여년 사이 갑자기 높아져 2003년에는 이혼이 16만 건을 넘어서면서 결혼 대비 50%를 넘게 되었습니다. 실제로 우리 주위에서 이혼한 가정을 만나는 것이 더 이상 어려운 일이 아닙니다. 이러한 가정의 급격한 변화를 맞이하면서 우리는 두 가지 점에서 생각할 필요가 있다고 봅니다.

한편으로는 건강한 가정의 가치를 지켜나가도록 노력하는 것입니다. 서구사회에서 일어나는 소위 전통적인 가정의 붕괴현상은 건강한 사회의 모습은 아닙니다. 짐머만 박사는 각문화가 붕괴되기 직전 그 마지막 단계에 전형적인 행동패턴 11개가 나타난다고 하면서 이유 없이 쉽게 해버리는 이혼의 급증, 자녀들 수의 감소, 부모멸시증대, 결혼식의 의미퇴조, 간음금지 규정의 폐지, 자녀양육의 어려움증대, 청소년비행의 급속한 파급, 각종 성도착의 보편화 등을 열거하고 있습니다. 모든 문명의 붕괴는 바로 가정의 붕괴에서 시작되었다는 것을 역사가 보여주고 있습니다.

가정 제도에 있어서 가장 기본적인 것은 한 남자와 한 여자가 서로 만나서 혼인을 통하여 가정이 세워지고 여기서 자녀를 낳고 양육하여 번성하는 것으로 이것이 하나님이 인간에게 부여한 축복입니다. 그리고 그 가정은 사랑과 이해로 하나가 되는 것입니다. 이 가정의 기본적인 가치는 변질 될 수 없는 것이고 그 가치관은 또한 우리의 자녀들에게 교육되고 전달되어져야 할 것들입니다. 그것을 통해서 우리는 건강한 사회를 지켜갈 수 있습니다.

그러나 다른 한편으로 우리는 다양한 가정형태의 변화를 수용해 갈 수 있어야 합니다. 사실 그동안 전통적인 가정 제도에 대한 고착된 사고는 많은 사회적인 편견을 야기하였습니다. 가령 사별이나 이혼 또는 별거 등으로 인한 한 부모 가족을 결손가정으로 규정하고 낙인을 찍음으로 이러한 가족구성원들을 정서적으로 사회적으로 위축시킨 것입니다. 입양에 대해서 부정적인 선입견을 갖게 만듦으로 입양수출국이라는 오명을 듣게 되고, 미혼모에 대한 거부감은 낙태를 강요하게 합니다.

이런 식의 사회적인 편견은 또한 독신자들에게도 곤혹스러운 것입니다. 우리 사회의 많은 사람들은 늦은 나이까지 결혼하지 않은 독신자들을 측은히 여기거나 하자가 있는 것으로 보곤 합니다. 이러한 편견은 교회 내에서도 마찬가지일 것입니다. 그러나 결혼 하는 것이 바람직할지언정 절대적인 것은 아닙니다. 사실 바울도 처녀들에 대한 권면에서 임박한 종말을 앞두고 결혼하지 않고 그냥 지내는 것이 좋다고 말하고 있지 않습니까? (고전 7:25) 그러므로 우리는 가정의 건강한 가치를 보존하고 지켜가려고 하되, 다양한 가정현상에 대한 이해와 관용의 폭을 넓히고 사회적인 편견이나 차별을 극복해 나감으로 건강한 사회를 세워가려고 노력해야 할 것입니다.

동성애와 차별문제

CTS (2012-07)

최근 미국의 오바마 대통령이 동성결혼 지지 의사를 밝히면서 미국뿐 아니라, 전 세계에서 찬반논란이 일어나고 있습니다. 그가 진정한 소신으로 한 말인지 아니면 표를 의식해서 한 것인지는 모르지만, 대통령으로서 공적인 자리에서 동성결혼에 대한 분명한 찬성의사를 밝힌 것 자체가, 앞으로 미국에서 동성애가 확산되는 계기가 될 것이라 생각됩니다.

동성애는 우리 시대에서 교회와 사회가 접합 점을 찾기 가장 어려운 윤리적인 이슈입니다. 유럽 대부분 나라들은 미국보다 한 발 앞서서 오래 전에 성적 지향을 포함한 차별금지법을 통과시켰고, 이에 따라 동성결혼을 인정하고, 더 나아가서는 동성부부에게 이성부부와 꼭 같은 권리를 부여해 가는 추세입니다.

과거 의학계에서는 사람에 따라 동성애적인 성향을 갖고 태어난다고 하여 동성애를 선천성이나 유전 등으로 이해하려고 했습니다. 그러나 오늘날에 와서는 영화, TV, 인터넷 등에서 동성애가 널리 소개되면서 오히려 대부분 멀쩡한 사람들로 하여금 동성애자가 되게 하고 있습니다. 영국은 2005년 인구전체의 6%가 동성애자인 것으로 발표했지만, 동성애자들은 여기서 더 나아가 전체 인구의 10%는 족히 될 것이라고 호언하고 있습니다.

그러나 동성애는 왜곡된 성적취향입니다. 하나님은 사람을 남자와 여자로 만드시고 이 둘이 합하여 한 가정을 이루게 하셨습니다. 이것이 가정의 시작이고 가정의 근본원리입니다. 이것은 인간이 죄를 범한 이후에 주어진 율법의 가르침이 아니라, 죄가 세상에 들어오기 이전에 주어진 창조원리입니다.

죄가 세상에 들어온 이후 세상은 여러 모양으로 타락의 현상들을 드러내었는데, 그 중 사회가 가장 타락했을 때에 많이 나타나는 현상이 바로 동성애였습니다. 그 대표적인 것이 소돔과 고모라입니다. 성안의 남자들이 합세하여 그곳을 방문한 남자를 강간하려고 하는 장면은 성경에 소개되는 최초의 동성애 장면입니다. 결국 다른 여러 가지 불의함을 더하여 이 두 성은 하나님으로부터 불의 심판을 받고 말았습니다. 이처럼 구약이나 신약이나 간에 성경은 동성애를 명백히 범죄로 규정하고 있습니다. (레 20:13; 롬1:26-27)

그런데 이것이 지나쳐서 과거 동성애자를 인간으로 취급하지 않고 짐승처럼 다룬 시대가 있었습니다. 히틀러는 이들을 유대인과 같이 수용소에 가두고 가혹행위를 했습니다. 우리는 이런 것에 동의할 수는 없습니다. 동성애자 역시 한 인간으로 존중해야 하며 그들의 인권 역시 보호되어야 합니다. 그러나 죄는 죄입니다. 사람들이 간음 중에 붙잡혀 온 여인을 죽이려고 했을 때에 주님은 "너희 중에 죄 없는 자가 돌로 치라"하며 그 불륜의 여인을 보호하셨습니다. 그러나 그녀에게 다시는 가서 죄를 범치 말라고 명하셨습니다. 사람은 사랑하고 존중하지만, 죄는 분명히 해야 하는 것입니다.

동성애에 있어서 점차로 서구의 뒤를 쫓아가는 이 사회 속에서 우리는 어떻게 해야 하겠습니까? 개인적으로 동성애자를 만나면 그것이 그릇된 성적취향임을 가르치고 돌이키도록 도와야 합니다. 동시에 사회적으로 동성애 문화가 확산되어 우리의 자녀들에게 악한 영향을 미치지 못하도록 매스컴을 감시해야 하며, 동성애가 제도적으로 뒷받침 되어 확산되는 것을 최대한 막도록 해야 할 것입니다.

행복한 노년

CTS (2011-10)

얼마 전 "그대를 사랑합니다."라는 영화가 많은 관객을 동원하면서 우리 사회에 실버들에 대한 관심을 환기시켰습니다. 우리사회는 아주 급격한 고령화를 겪고 있습니다. 65세 이상의 비율이 전체인구의 7%를 넘으면 고령화사회, 14%를 넘으면 고령사회, 20%를 넘으면 초고령사회라고 말합니다. 고령화사회에서 초고령사회로 진입하는데 프랑스는 154년 미국은 94년이 걸렸는데, 2007년에 고령화사회에 들어선 우리나라는 불과 26년만에 초고령사회로 진입할 것으로 예상하고 있습니다.

이렇게 빠른 노인증가에 미처 대처하지 못하다보니, 그에 따른 사회적인 부작용이 서구보다 훨씬 심하게 나타나고 있습니다. OECD에서 나온 보고서에 의하면 한국 노인의 상대빈곤율은 OECD 국가 평균의 3배를 넘고 있습니다. 이 심각한 빈곤의 문제를 뒤이어 질병, 외로움과 무료함이 노인들을 괴롭히고 있고 이런 문제를 해소 못하는 노인층에게서 우울증, 자살, 그리고 범죄 발생이 급증하고 있습니다.

준비 안 된 고령화는 일종의 사회적 재앙입니다. 국가는 국민들이 행복한 노년을 보낼 환경을 만들어야 합니다. 기초노령연금도 현실화시키면서 노인들의 빈곤문제를 해결해가야 합니다. 경제적인 것뿐 아니라, 의료체계나 사회안전망이 속히 고령사회에 적합하게 만들어져야합니다.

그러나 더욱 중요한 것은 바로 실버세대 자신들입니다. 행복이란 궁극적으로 많은 돈과 좋은 집, 많은 자식들에게서 오는 것은 아닙니다. 행복은 마음에서 옵니다. 그러므로 행복의 주체는 노인들 스스로입니다.

행복한 노년을 위해서 몇 가지 제안한다면, 첫째는 자신이 잃은 것을 생각지 말고, 가진 것을 누려야 합니다. 노년은 직장, 건강, 재물 등 잃는 것이 많이 있습니다. 그러나 아직 갖고 있는 것도 많습니다. 무엇보다 젊은 때에 비해서 시간적인 여유를 많이 갖게 됩니다. 바쁠 때 하지 못했던 것을 할 수 있습니다. 친구만나고, 배우고 취미생활하고, 자신의 내면을 가꾸는 등 적극적이고 긍정적으로 삶을 즐겨야 합니다.

둘째로 쉬지 말고 일하십시오. 세계적인 테너가수 플라시도 도밍고는 지금 70세입니다. 하지만 그의 목소리는 살아있고 그의 열정은 여느 젊은이 못지않습니다. 그는 매일 아침 깨어날 때마다 오늘도 노래할 수 있다는 사실에 감사하고 있습니다. 아울러 사람들이 자신의 음악을 사랑해 주고 기다리는 한 계속 활동할 것이라고 말합니다. 그에겐 중요한 좌우명이 있다. "쉬면 녹슨다!(If I rest, I rust !)" 이것입니다.

그렇습니다. 일할 수 있을 때까지 일 해야 합니다. 그리고 이제는 자신을 위해서가 아니라, 누군가를 위해서 봉사하는 것입니다. 아직 힘이 있을 때에 어려운 이웃을 돕는 일에 봉사하고 헌신하십시오. 나의 도움을 기다리는 사람이 있을 때, 자기 존재의 소중함을 느끼게 됩니다. 이것이 행복한 노년의 비결입니다.

마지막으로 하나님의 사랑을 굳게 신뢰하십시오! 여기 저기 병이 찾아오고 나의 존재가 점점 희미해질 때에 마지막 남는 것은 변치 않는 하나님의 사랑입니다. "야곱의 집이여 이스라엘 집에 남은 모든 자여 내게 들을지어다 배에서 태어남으로부터 내게 안겼고 태에서 남으로부터 내게 업힌 너희여 너희가 노년에 이르기까지 내가 그리하겠고 백발이 되기까지 내가 너희를 품을 것이라 내가 지었은즉 내가 업을 것이요 내가 품고 구하여 내리라"(사 46:3-4)

아무리 많은 값비싼 실버타운에서 여생을 보낸다고 해도 이 사랑을 모른다면 허무할 뿐입니다. 이 변함없는 하나님의 사랑을 배우고 굳게 신뢰하십시오! 그러면 어떤 환경에서도 결코 외롭지도 않고, 두렵지도 않고, 절망하지도 않을 것입니다. 이 하나님의 자비로운 손 안에서 여러분의 노년의 삶을 멋있게 디자인하기를 바랍니다.

존엄사를 생각해봅시다.

CTS (2009-03)

지난해 재판부가 식물인간 상태의 환자인 76세의 김모씨가 현재 회생할 가능성이 없고, 평소 무의미한 연명치료를 거부한다는 뜻을 밝혀 온 점이 인정된다면서 인공호흡기를 제거하라는 판결을 내렸습니다. 이 판결이 존엄사를 인정하는 조치라고 받아들여지면서 우리나라에서도 존엄사 논쟁이 본격화되었습니다.

안락사나 존엄사의 논쟁은 오래된 일입니다. 안락사가 회생 가능성이 없는 환자의 고통을 줄이기 위해 독극물 등을 투여해 인위적으로 사망에 이르게 하는 반면에, 존엄사는 회생 가능성이 없는 환자가 품위 있게 죽을 수 있도록 생명유지 장치를 제거하는 것입니다. 나라마다 안락사나 존엄사에 대한 입장을 달리하고 있습니다. 서구에서 안락사를 절대 불허하는 나라는 많지만, 존엄사에 대해서는 법으로 허용하지는 않더라도 판

례상 대체로 용인해주는 편입니다.

사실 현실적인 면에서 본다면 본인이나 가족에게 존엄하게 죽을 수 있는 권리는 필요한 것처럼 느껴집니다. 우선 건강이 호전될 가능성이 없는 가운데, 극심한 고통 속에서 또는 의식이 없는 식물인간으로 인공호흡기나 영양튜브에 의존하여서 생명을 연장해가는 것이 첫째로 본인 자신에게도 힘들고 어려운 일일 수 있습니다.

그리고 둘째로 집안에 병자가 생기면 온 가족이 여기 매달려야 하는 우리의 의료 현실에서 가족들에게 큰 시련이 아닐 수 없습니다. 게다가 마지막으로 이러한 치료에 드는 의료비로 인해서 커다란 경제적인 부담을 안아야 하는 것도 남겨진 가족에게는 현실적인 문제일 것입니다.

그런 이유에서 최근 국립 암 센터에서 조사발표한 바에 의하면 우리나라 국민의 88%가 존엄사를 찬성하고 있다고 합니다. 대다수의 사람들이 위의 이유를 공감하면서 품위있는 죽음을 선택할 권리를 인정하고 있는 것입니다. 우리 그리스도인들 역시 이러한 현실적인 당위성을 충분히 공감하며 이해하고 있습니다.

그럼에도 불구하고 좀 더 다른 각도에서 이 문제를 생각해 볼 필요가 있다고 봅니다. 그것은 무엇보다도 생명의 소중함입니다. 우리는 생명이 하나님으로부터 오는 것임을 믿고 고백합니다. 생명의 주인은 하나님이십니다. 주시는 것도 하나님이시오, 거두시는 것도 하나님이십니다.

그러므로 생명이 태어나는 것도 또 생명이 마쳐지는 것도 모두가 다 하나님의 주권 속에 있습니다. 그러하다고 할 때에 과연 우리 인간이 스스로 자신의 생명을 거두거나 또는 가족들이나 나라가 사람의 생명을 거둘 권한이 있느냐는 것입니다. 안락사나 또는 존엄사 모두가 결국 생명을 거두는 일을 사람이 결정한다고 할 때에 우리가 깊이 생각해보아야 할 부분입니다.

또 다른 것은 이러한 존엄사의 허용이 안락사로 이어지고 그러는 가운데 자칫 오용될 소지가 있다는 것입니다. 실제로 독일은 안락사에 대해서 다른 어떤 나라보다도 알레르기반응을 보이고 있는데, 그것은 나찌 시절 히틀러가 안락사 프로젝트를 통해서 정신지체자, 유전병자, 장애자 등 사회적인 약자 7만명을 살해하는 일을 자행했기 때문입니다. 국가가 이러한 반인륜적인 살인을 저지른 것은 진화론적인 사회관에 입각해서 사회발전을 위해 짐이 되는 열등한 사람들을 없애려고 했기 때문입니다.

우리 인간은 언제나 실용주의, 편의주의 그리고 경제적 이해에 사로잡히기 쉽습니다. 그러기에 안락사나 존엄사의 허용은 자칫 억울한 죽음을 당하는 사람들이 나오게 할 수 있습니다. 만일 존엄사를 사회적으로 용인한다고 할 때에 여기에 대한 철저한 제도가 반드시 뒷받침 되어야 할 것입니다.

급변해 가는 세상 속에서 우리 그리스도인들은 어떠한 자리에 서야할지에 대해서 더욱 많이 생각하고 고민하고 기도할수 있기를 바랍니다.

우리 교육 이대로 좋은가?

시사칼럼 (2009-05)

교육이 그 무엇보다도 중요한 이유는 그것이 사람을 키우고 만들어가는 소중한 사역이기 때문입니다. 스위스의 세계적인 신학자인 칼 바르트는 교회뿐 아니라, 국가도 역시 공동체라고 하면서 교회는 기독 공동체, 국가는 시민 공동체라고 불렀습니다. 공동체라는 말은 사람들이 모여서 이루어지는 유기적인 집단을 가리키는 것입니다. 그러므로 국가 사회의 핵심은 회사나 공장, 제도나 시스템이 아니라, 사람인 것입니다. 우리 자녀들을 어떤 사람들로 교육하느냐가 우리 사회의 미래를 만드는 가장 결정적인 사역이라 생각합니다.

그런 의미에서 볼 때에 우리 사회는 염려스러운 점이 대단히 많습니다. 아무리 그럴 듯한 표어를 붙여 놓았다고 해도 지금 중고등학교는 말할 것도 없고, 심지어 초등학교에 이르기까지 오직 교육의 목표는 좋은 대학에 입학하는 것임을 부인하지 못할 것입니다. 서울대와 연고대 등 상위층 대학에 얼마나 많은 학생이 입학했는가 하는 수치가 고등학교의 우열을 가려주는 가장 중요한 척도로 인식되고 있습니다.

그러다 보니 진학률이 높은 특목고가 좋은 고등학교로 인식되면서 이제 이런 고등학교에 들어가기 위한 경쟁이 또 다시 치열해지고 있습니다. 오랫동안 유지되던 고교평준화 제도는 다시 하나둘씩 무너지고 서서히 고등학교 서열화가 가속화 되고 있는 추세이다보니 일각에서는 이러다가 결국 고교 입시 제도가 다시 부활하게 되지는 않을까 염려하기도 합니다.

게다가 새로운 정부는 학교 전체를 경쟁 시스템으로 운영해서 그야말로 적자생존의 원리로 몰아가고 있습니다. 학생들의 실력을 더 높이기 위해서 일제고사를 도입하고 그 성적 결과로 학교장을 평가하겠다고 하면서 은근히 경쟁을 유발시키다보니 성적 조작 등의 해프닝이 일어나기도 했습니다.

방과 후에도 보충수업이나 학원수업에 참가하는 등 항상 잠이 부족할 정도로 공부에 시달리는 우리나라 학생들의 학력은 자연히 세계에서 아주 높은 수준에 도달해 있습니다. OECD 30여개 국가에서 정기적으로 치르는 학력능력평가인 피사(PISA)에서 우리나라는 언제나 선두를 지키고 있고 특히 수학 성적은 단연 앞서고 있습니다. 그러나 그에 따르는 대가는 너무도 큰 것이 사실입니다.

지난 2002년 독일 튀링엔 주의 한 고등학교에서 성적에 불만을 품은 19세의 학생이 총기를 난사해 교사 12명을 포함해서 17명이 목숨을 잃는 사건이 있었습니다. 당시 독일은 PISA 성적 결과가 형편없어 학교 교육에 대한 비난이 들끓었는데, 그때 현장을 방문한 내무부장관은 기자들에게 이 비극이 학교 성적을 앞세운 결과가 아니겠냐고 반문을 했습니다. 그리고는 한국과 일본을 예로 들어 이들 나라들은 PISA 성적이 항상 최고이지만, 자살률도 최고라고 지적했습니다.

2005년 OECD는 연간보고서에서 OECD 30개 국가 중 한국을 최고의 교육국으로 선정하였습니다. 이를 놓고 영국의 가디언지는 한편으로는 한국이 세계에서 가장 성공적인 교육시스템을 갖고 있다고 치켜세우면서, 다른 한편으로 그 최고의 교육적 성취를 위해서 학생들은 과도한 학습량으로 혹사당하고 있고, 그 스트레스로 인해 세계 최고의 자살률을 보이고 있다고 지적했습니다.

마음껏 뛰놀아야 할 어린 시절, 친구들과 어울리며 공동체성을 배워가야할 청소년 시절, 우리의 자녀들은 좋은 대학에 진학하는 것만이 행복의 지름길이라는 획일적인 가치관 속에서 공부에 혹사당하고 있는 것입니다. 무엇보다도 우리 자녀들이 '함께 더불어' 라고 하는 시민 공동체의 참된 가치를 배우지 못한 채, 경쟁과 이기심에 사로잡혀 편향적인 청소년기를 보내고 있다는 현실입니다. 그러므로 이들을 통해서 형성되어 갈 미래 사회를 우리는 깊이 염려하지 않을 수 없습니다. 우리는 이 왜곡된 교육 문제에 대해서 함께 고민하고 기도하며 선한 방향으로 변화되기를 위해 더욱 노력해야 할 것입니다.

신뢰받는 사회

시사칼럼 (2009-08)

한 사회가 얼마나 강하고 단단한가 하는 척도는 외적인 통계나 지표로 판단할 수 있는 것이 아닙니다. 오히려 그 사회 내면의 신뢰 지수가 얼마나 크냐에 달려 있습니다. 다시 말해서 얼마나 믿을 수 있는 사회냐 하는 말이 그 사회의 강함을 증명한다고 봅니다.

그런 점에서 양치기 소년의 이야기는 한 개인의 문제가 아니라, 그 사회 전체의 문제임을 말해 줍니다. 그 소년이 거짓말을 밥 먹듯이 함으로 신뢰를 잃었을 때에 이리가 나타나도 사람들은 꿈쩍하지 않았습니다. 그 이리는 소년의 양뿐 아니라, 마을 전체에 해를 끼치게 되었습니다.

만일 그 사회에 어떤 문제가 발생했는데 국민이 정부의 발표를 믿지 못하고 앞에서 이끄는 지도자를 신뢰하지 못할 때에 사회는 자연히 혼란에 빠지게 됩니다. 유언비어가 난무하고 지금처럼 온라인이 발달한 곳에서는 온갖 괴담들이 위력을 떨칠 것입니다. 사실 이번 광우병 파동의 밑바닥에는 추락한 사회의 신뢰 지수가 한 몫을 단단히 하였던 것입니다.

우리 사회의 신뢰지수는 어느 정도일까요? 시중에 나도는 한우 중 상당수가 수입소라는 것이 밝혀졌습니다. 미국산이 호주산으로 둔갑해서 팔리고 있습니다. 중국산 식물이 국산으로 표기되고, 유사 상표가 판을 치며 짝퉁이 버젓이 거래되고 있습니다. 사람들은 단속을 별로 믿지 않습니다. 단속하는 공무원과 업자 간에 모종의 커넥션이 있을 것이라는 생각도 합니다. 실지로 우리나라는 아직까지 뇌물공화국이라는 오명을 벗어나지 못하기 때문입니다.

독일이란 나라는 같은 유럽 국가인 핀란드에 비하면 신뢰 지수가 많이 떨어집니다. 그러나 그 나라에 살면서 나는 그 나라가 왜 그렇게 탄탄한가를 새삼 느낄 수 있었습니다. 단적인 한 예를 들어 보면, 독일에서는 대학 입학시험이 없고 대신 아비투어라고 하는 고등학교 졸업 시험이 있습니다. 사실 그 시험 성적 결과에 따라서 원하는 대학에 갈 수 있으니 우리로 치면 수능과도 같은 시험입니다.

한 아이의 미래를 결정짓는 이 중요한 시험의 문제를 그 학교의 담당 학과 교사가 출제하고 채점을 합니다. 그것도 대부분이 단답형이 아닌 논문식 문제입니다. 물론 후에 감사를 받는 절차가 있겠지만, 교사는 철저히 객관적이고 양심적인 행위를 하는 것입니다. 그리고 그 결과에 대해서 학생이나 학부모가 이의를 제기하지 않습니다. 정말 놀라운 일입니다. 10년 동안 독일에 거주하는 동안에 아비투어 시험이나 채점에 부정이 있었다는 말을 들어보지 못했습니다. 나는 그것이 바로 독일 사회를 지탱하는 커다란 저력이라고 생각했습니다.

이러한 시험 시스템이 사지선다형이나 단답형보다 학생들의 실력을 훨씬 더 바르게 평가할 수 있는 게 분명하지만, 과연 그 제도를 우리 교육계에 그대로 도입할 수 있을까요? 아마도 쉽지 않을 것입니다. 그것은 다름 아닌 신뢰의 문제가 사회 전반에 바탕이 되어야 하기 때문입니다. 우리 사회의 깊은 밑바닥은 불신으로 가득 차 있습니다. 정부는 정부대로, 기업은 기업대로, 학교는 학교대로 신뢰를 받지 못하고 있으며, 심지어는 교회마저 신뢰의 대상이 되지 못하고 있습니다.

이것은 결코 제도나 조직이나 법을 통해서 치유될 수 있는 것이 아닙니다. 정직 운동이 일어나야 합니다. 정직할 수 있는 사람, 우직할 정도로 정직하게 살아가려고 하는 사람들이 많아질 때에 우리 사회에 대한 신뢰지수는 점차로 높아져 갈 것입니다.

정직은 누구보다도 우리 그리스도인이 가져야 할 품성입니다. 왜냐하면 우리가 아버지라 고백하는 하나님은 거짓을 용납지 않으신 진실하신 분이기 때문입니다. 주님은 마귀가 바로 모든 거짓의 아비라고 말씀하셨습니다. 그러므로 나는 우리 사회를 믿을 수 있는 사회로 만들 책임은 다른 누구보다도 우리 그리스도인들에게 있다고 믿습니다. 믿음을 가진 정치인이나 관료들은 정직해야 합니다. 교육가, 기업가, 그리고 장사하는 사람들은 정직해야 합니다. 아울러 우리 교회들은 정직해야 합니다. 우리 그리스도인들이 사회 구석구석에서 먼저 믿을 수 있는 대상이 될 때에 우리 사회는 국민 서로 간에 누구나 믿을 수 있는 단단한 사회로 성장해 갈 수 있을 것입니다.

4. 나의 이웃이 누구인가?

- 기아와의 전쟁
- 장애인들이 숨쉬는 사회
- 외국인들을 잘 대접하는 사회
- 난민을 바라보는 그리스도인의 시각(1)
- 난민을 바라보는 그리스도인의 시각(2)
- 미국의 첫 흑인대통령에 담긴 의의

기아와의 전쟁

시사칼럼 (2009-11)

지난 16일부터 이탈리아 로마에서는 아직도 만연한 세계의 기아문제를 해결해 보고자 세계식량정상회의가 열렸습니다. 그러나 세계의 여론은 이 회의에 대해서 냉소적인 평가를 내리면서 기아와의 전쟁은 실패할 수밖에 없다고 말하고 있습니다. 개도국의 정상들은 대거 참여하였지만, 선진국 G8 정상 가운데 이 회의에 참석한 사람은 개최국 이탈리아의 총리밖에 없었습니다.

이 회의에서 유엔식량농업기구(FAO)가 기아 구제를 위해서 요청한 440억 달러는, 미국, 유럽연합, 일본 등 선진국의 반대로 채택되지 못했습니다. 금융 위기로 야기된 세계 경제 위기 앞에서 선진국들은 당장 자국의 경제 회복을 위해서 천문학적인 공적자금을 쏟아 붓느라, 가난한 나라를 위한 원조를 늘릴 여유가 없다는 것입니다. 이를 두고 독일의 일간지 쥐드

도이췌자이퉁(SZ)은 지구에서 매년 금융 산업을 위해서는 1조 달러 넘게 책정되지만, 기아와의 전쟁을 위해서는 440억 달러도 부담스러워한다고 꼬집었습니다.

FAO가 새천년을 맞이하면서 세운 목표 즉, 2015년에 굶주리는 인구를 반으로 줄이고 2025년까지 세계의 기아를 완전히 극복하겠다는 야심찬 목표는 도달 불가능한 것이 되어버렸습니다. 1996년 당시 굶주리는 인구는 8억6천만 명이었지만, 오늘날에는 10억 2백만 명으로 오히려 더 증가하고 만 것입니다.

이러한 식량 상황의 악화는 가뭄이나 홍수, 지구 온난화 등의 자연적인 원인에 우선 있겠지만, 근간에는 세계 경제 정책이 더 큰 요인으로 거론되고 있습니다. 예를 들면 세계무역기구가 지향하는 경제 자유화는 개발도상국의 농업을 혼란에 빠뜨리는데 일조했습니다. IMF와 세계은행이 강요하는 신자유주의 정책은 필수품에 대한 보조금 철폐를 요구하고, 생산된 부를 외채 상환에 우선적으로 사용하도록 함으로 식량위기를 가중시켰습니다. 나아가 통제되지 못하는 곡물 가격 폭등은 가난한 나라에는 화약고 같은 요소로 작용하고 있습니다.

작년 세계적인 농산물 가격 폭등 시 칸 IMF총재는 "식품 값 폭등이 지금과 같은 추세로 계속되면 수십만 명이 굶주리고, 경제 상황을 파괴시킬 수 있다"고 우려했지만 지구촌은 시장 가격에 영향을 미치는 구조개선을 위한 별다른 노력을 기울이지 않았습니다. 그런 가운데 이번 세계 경제가 회복되면 또 다시 곡물 가격이 폭등할 것이라는 우려가 나오고 있습니다.

세계 식량 정상회의에서 교황 베네딕트 14세는 한쪽에서 기아의 비극이 커져가는 상황에서 다른 한쪽에서의 과소비와 사치는 결코 용납할 수 없는 것이라고 하면서, 인간의 이기심을 기아 전쟁 실패의 가장 큰 원인으로 규정했습니다.

우리나라는 이번 회의에서 아시아 지역의 비상 비축 프로그램용 쌀 15만 톤도 제공하겠다고 밝혔지만, 전반적으로 가난한 나라를 돕는 해외 원조가 국가 경제 규모에 비해 턱없이 낮다는 이유로 국제 사회로부터 비판적인 평가를 받고 있습니다. 과거 가난할 때에 많은 식량을 도움 받은 나라로서, 이제 우리나라도 지구촌에서 벌어지는 기아와의 전쟁에 보다 적극적으로 참여해야 합니다.

하나님은 에스겔 선지자를 통하여 소돔의 죄악을 이렇게 말씀하고 있습니다. "네 아우 소돔의 죄악은 이러하니 그와 그의 딸들에게 교만함과 음식물의 풍족함과 태평함이 있음이며 또 그가 가난하고 궁핍한 자를 도와주지 아니하며" (겔 16:49)

오늘날 지구촌 한쪽에서 벌어지는 음식물의 풍족함과 태평함, 그리고 자기와 자기 나라만을 생각하면서 가난하고 궁핍한 자를 외면하는 이기주의가 바로 소돔의 죄가 아니겠습니까? 상대적으로 풍요로운 지구촌에 속해있는 우리나라의 그리스도인들은 이러한 죄로부터 우리 자신을 지키고, 가난한 자들에게 나누어 줌으로 기아와의 전쟁에 보다 적극적으로 동참하여야 합니다.

장애인들이 숨 쉬는 사회

CTS (2011-04)

　지난 4월 20일 '장애인의 날' 이었습니다. 우리나라는 장애인들의 재활·자립 의욕을 북돋우고, 장애인들에 대한 국민의 관심을 높이기 위해 1981년부터 매년 '장애인의 날' 행사를 갖습니다.
　전에 한 여성잡지에서 다운증후군 장애인이면서 "사랑해 말순씨"라는 영화에서 데뷔한 배우 강민휘씨 이야기를 읽었습니다. 장애를 갖고 태어난 아들을 특수학교로 보내지 않고, 인내와 사랑으로 교육하면서 키워 온 부모의 인간승리라는 생각이 들었습니다.
　안타깝게도 우리 주위에는 많은 장애인들이 있습니다. 유엔에서는 대략 사회인구의 10%를 장애인으로 추산하고 있습니다. 우리나라에서 현재 정부에 장애인으로 등록된 사람은 약 215만 명 정도이지만, 장애인 단체는 약 400만 명 정도로 추산하고 있습니다. 강민휘씨와 같이 좋은 부모 아래서 장애를 잘 극복하고 누구 못지않게 행복하게 살아가는 사람들은 사실 소수이고, 많은 장애인들은 사회적인 편견과 소외, 가난 그리고 구체적인 일상의 불편과 싸우면서 살아가고 있습니다.

장애인에 대한 국가정책이나 지원이 과거에 비해서 나아진 것이 사실이지만, 아직 선진국에 비하면 많이 부족하다는 것을 우리들은 잘 알고 있습니다. 장애인 복지의 발전은, 정치인들이나 행정당국자들의 노력도 중요하지만, 우리 비장애인들의 사고의 전환이 뒷받침이 되어야 합니다.

20년 전 헝가리에서 목회하시던 잘 아는 한 한국목사님을 독일에서 만난 적이 있는데, 그때 그는 헝가리 부다페스트 근교의 한 장애인 시설을 방문하여 크게 놀랐던 이야기를 전해주었습니다. 헝가리 개혁교단에서 운영하는 이 장애인기관은 일반사람들이 사는 집보다도 훨씬 좋은 시설을 갖추고 있었던 것입니다. 한국에서는 늘 후진 장애인 시설만을 보아왔던 목사님은 이곳에서 일하는 헝가리 목사님의 다음 같은 설명에 더욱 감명을 받았습니다. "이 장애인들은 세상에서 우리보다 불편한 몸을 갖고 태어났습니다. 그러므로 우리보다 더 좋은 환경에서 살아야 합니다. 우리는 건강한 몸을 가졌으니 이들보다 좀 불편한 환경에서 살아야 하구요"

당시 독일에 살던 나에게 이 목사님의 경험담은 그리 새로운 것이 아니었습니다. 내가 살던 곳은 보쿰대학 옆의 크베어렌부르그라고 하는 동네였습니다. 대학촌이다 보니 기숙사들이 많이 있었는데, 그 중 장애인을 위해 멋있게 지은 건물이 한 동 있었습니다. 이 기숙사 방의 일부는 비장애학생들에게 배당되었는데, 아주 인기가 좋았습니다. 왜냐하면 장애인 기숙사는 일반 기숙사보다 훨씬 좋은 시설들을 갖추고 있었기 때문입니다.

여기서는 또 장애의 정도에 따라서 방과 서비스가 달랐고, 심지어 중증장애인 학생에게는 24시간 사람을 세워 돌보게 했으니 한 중증장애인을 위해서 국가가 지불하는 돈은 어마어마한 것이었습니다. 장애인을 위한 이런 복지는, 그 정책을 실천하는 정부도 중요하지만 자신이 낸 세금을 이렇게 쓰는 것을 당연시하는 국민의 의식도 중요하지 않겠습니까?

오늘날 우리 한국의 장애인 시설들은 대부분이 많이 낙후되어 있습니다. 돈이 없어서 라고 말할 수도 있겠지만, 그보다는 우리의 사고가 그것을 당연히 여기고 있기 때문은 아닐까요? 몸과 마음이 불편한 자를 위해서 더 편리하고 안락한 시설을 제공하는 것 - 나는 이것이 바로 평균케 하시는 하나님의 뜻이라고 생각합니다.

오늘 우리 사회는 평균케 하려고 하는 하나님의 뜻이 잘 실현되고 있습니까? 우리 그리스도인들은 이 사회 속에서 그러한 하나님의 공의를 실현해 나가려고 노력하고 있습니까? 우리나라의 장애인들이 더 나은 환경에서 살아갈 수 있도록 조금 더 배려하고 조금 더 헌신하도록 합시다.

외국인들을 잘 대접하는 사회

CTS (2009-11)

내가 독일에 사는 동안 종종 외국인문제가 사회적 이슈가 되곤 했습니다. 전체 8천만인구 중 외국인이 650만이 넘어 8~9%에 이를만큼 많다보니 외국인과 관련된 다양한 사회문제가 있을 수 밖에 없었습니다. 불법입국자들로부터 시작해서 외국인 범죄의 증가, 독일 언어나 문화를 배우려고 하지 않는 외국인들, 그리고 외국인들에게 일자리를 빼앗겼다고 불평하는 젊은이들, 심지어는 외국인추방을 공공연히 외치는 신나치주의자들의 데모도 있었습니다.

물론 독일은 두 차례의 세계 전쟁을 일으키며 지은 죄를 반성하느라 나름대로 외국인에 대한 차별을 법적으로 금지시키고 있었고, 전반적으로 외국인에 대한 사회적 배려가 잘 되어 있는 편이었습니다. 특별히 인상적인 것은 한 TV 인터뷰에서 중년 여성이 한 말입니다. 그녀는 터키인, 아시아인만이 외국인이 아니라, 우리 모두가 세상에서 다 외국인이고 나그네다라고 하면서 외국인 차별은 있을 수 없다고 강변했습니다. 아마도 크리스천이었던 것 같습니다.

이제 우리나라에 거주하는 외국인수도 120만명에 달해 전체 인구의 2%를 넘어섰고, 그 중 2/3 이상이 중국과 동남아시아에서 온 사람들입니다. 결혼하는 사람 10명중에 1명이 국제결혼을 하면서 다문화가정도 늘어나고 있습니다. 외국인들 중에는 범죄자들도 있고 불법체류자들도 있겠지만, 대부분은 보다 잘사는 나라에 와서 돈을 벌어 인간답게 살고 싶다는 소박한 꿈을 갖고 열심히 일하는 선량한 사람들입니다. 낯선 땅과 낯선 언어와 문화 속에서 살아가는 만큼 이들에게는 우리가 상상할 수 없는 많은 어려움들이 있을 수밖에 없습니다.

그동안 우리는 사실 외국인들의 급격한 유입에 대해서 제대로 준비하고 대처하지 못했습니다. 정부차원의 법적, 제도적, 문화 교육적 미비함도 그렇지만, 그보다 더한 것은 우리국민들의 외국인에 대한 배타적인 마음가짐입니다. 오랫동안 단일민족국가를 형성하면서 지리적으로 반도끝자락에 위치하여 외국과의 관계가 많지 않았던 탓에, 외국인에 대한 배타적인 감정이 우리 내면에 깊이 자리 잡고 있고 다양성이나 관용을 훈련받을 기회가 적었습니다.

지난해 나온 스위스 국제경영개발대학원(IMD)의 국가경쟁력보고서 중, 외국인에게 얼마나 덜 배타적인가를 가름하는 외국인 호감도에서 한국의 순위는 전체 61개국 중 55위로 최하위에 머무르고 있습니다. 더구나 이것은 2005년 53위에서 오히려 두 계단 더 떨어져 외국인에 대한 우리국민의 배타적인 태도가 수정되지 못하고 있음을 보여주었습니다. 실제 조사에서 외국인들은 언어적인 장벽 외에 우리나라에서 살기 힘든 가장 큰 이유는 외국인에 대한 배려부족이고 응답했습니다.

여기서 더 나아가 우리보다 가난한 나라 사람들에 대한 오만한 편견과 무시하는 마음이 가정이나 학교 그리고 사업장에서 왕따나 정신적, 육체적인 학대 등으로 나타나고 있습니다. 베트남에는 한국 취업용으로 "왜 때려요. 우리도 사람이잖아요. 경찰에 신고할 거예요"라는 한국말을 가르쳐 주는 교재까지 나왔다고 하니 직업현장에서 이들이 어떤 대우를 받고 있는지를 상상 할 수 있습니다.

이들 모두는 이 땅의 나그네들입니다. 나그네를 잘 대접하는 사회가 하나님이 원하시는 건강한 사회입니다. 하나님은 "고아와 과부를 위하여 정의를 행하시며 나그네를 사랑하여 그에게 떡과 옷을 주시나니 너희는 나그네를 사랑하라 전에 너희도 애굽 땅에서 나그네 되었음이니라"(신 10:18-19)라고 명하셨습니다. 이 하나님의 마음과 뜻을 가장 귀한 삶의 지침으로 여기는 우리 그리스도인들이 먼저 이 땅의 나그네요 이방인인 외국인들을 사랑하도록 합시다. 그들의 아픔과 어려움을 이해해주고 배려하여 그들로 이 땅에서 보다 인간답게 행복한 삶을 살도록 도와주는 것이 우리 신앙인들의 바른 도리일 것입니다.

난민을 바라보는 그리스도인의 시각 (1)

한국기독신문 (2018-07)

나에게는 독일생활 초기에 어학원을 다니면서 함께 공부하는 다양한 외국인들과 어울리는 것이 좋은 경험이었습니다. 그중 크로아티아 출신의 '안나'가 있었는데, 그녀는 보스니아 남자인 '사울'이라는 애인과 함께 유고전쟁에서 피난 온 난민이었습니다. 사울은 항상 활기차고 허드렛일을 하며 열심히 살려고 했지만, 안나는 늘 고향과 두고 온 가족에 대한 향수로 슬픈 모습이었습니다. 이들과는 오랫동안 교제를 가졌습니다.

그러면서 나는 독일 안에는 일하고 공부하기 위해 온 외국인뿐 아니라, 난민들도 많이 있다는 것을 알게 되었습니다. 특별히 1990년대 초 유고연방이 붕괴되고 보스니아 내전이 일어나면서 많은 난민들이 독일로 오게 되었습니다. 내가 만난 대부분의 난민들은 안나나 사울처럼 착한 사람들이었습니다. 물론 전쟁이나 박해로 인해 고향을 잃고, 집과 가족을 잃은 사람들이기에 마음 깊은 곳에는 슬픔과 상처가 있었지만, 독일에 와서 살 수 있게 된 것만도 큰 행운이었습니다. 그러나 이들이 계속 여기에 살 수 있는 것이 아니었습니다. 독일은 피난 온 난민의 경우는 전쟁이 끝나고 삶의 터전이 어느 정도 회복되면 냉정할 정도로 다시 돌려보냈습니다. 그래서 우리 딸도 같은 반에서 아주 친하게 지내던 보야나라는 친구가 보스니아로 돌아갈 때에 이별의 큰 슬픔을 나누어야 했습니다.

한번은 이런 일도 있었습니다. 딸 아이 반에서 국경너머 화란으로 수학여행을 가기로 했는데 그 반에 있던 보스니아 난민인 비올짜는 국경을 넘을 수가 없었습니다. 난민들은 보통 비자가 아니라 체류를 허락하는 둘둥(Duldung)이라는 것을 받는데, 독일 국경은 물론 자신이 속한 주 경계조차 벗어나지 못하게 그 거주가 엄격히 제한되어 있었습니다. 이들은 둘둥으로 체류연장을 받으면서 그때마다 엄격한 심사를 받아야 했고, 정식 일자리는 가지지 못하면서 주로 3D 업종에서 값싼 노동력으로 사용되는데 만족해야 했습니다. 이 기간 중에 죄를 범하게 되면 바로 추방이 되는 것이므로 대부분의 난민들은 독일 사람보다도 더 착하게 살지 않으면 안 되었습니다.

하여간 수학여행에 이 비올짜가 못 가게 되었을 때에 선생님과 아이들은 포기하지 않았습니다. 모두가 보쿰(Bochum) 시청으로 달려가 피켓을 들고 데모를 하면서 시장에게 친구가 같이 갈 수 있게 해달라고 요청했습니다. 그러자 시장은 아이들을 정중히 만났고, 비올짜에게 특별 허가증을 내주어 수학여행을 같이 갈 수 있도록 배려해주었습니다.

그리고 며칠 뒤, 시청 중앙에 "우리는 함께 해요"라고 쓴 큰 현수막이 설치되었습니다. 그리고 보쿰시 신문 1면에 이 현수막과 아울러 시장이 아이들과 함께 찍은 사진이 게재되면서 이 내용이 소상히 시민들에게 전달되었습니다. '우리는 우리를 찾아온 난민들과 함께 한다' 는 것이었습니다. 현수막은 마치 그런 우리의 목표는 하나이고 그래서 수학여행을 계기로 선생과 학생들 그리고 시장 모두가 이 목표에 도달했다는 승리의 선포 같았습니다. 이 모든 것은 미래 이 사회의 주역이 될 아이들로 하여금 어려운 약자 특별히 피난 온 이웃과 더불어 사는 삶의 중요성을 가르치는 교육 그 자체였습니다.

이처럼 독일에서 여러 난민들을 접하면서 나는 그들이 평범한 사람들, 나와 같은 사람들임을 배웠습니다. 그들은 전란을 피해 좀 더 안전한 곳으로 피난 와서, 좀 더 평안한 환경에서 자식을 잘 키우고 싶은 사람들입니다. 그러기에 남의 나라에서 자신에게 맞지 않는 옷도 마다않고 입으면서 모든 것을 참고 조심하면서 살아가는 나그네 들입니다.

난민은 이상한 사람들이 아닙니다. 그저 강도만난 이웃일 뿐입니다. 물론 그들 중에는 이상한 사람이나 위험한 사람도 있을 수 있습니다. 그런 사람은 난민이 아니더라도 어느 사회나 있기 마련입니다. 치밀한 난민 정책을 통해서 그런 사람을 잘 찾아내고 분류해 내는 것은 꼭 필요합니다. 그러나 벼룩 잡으려고 초가산간을 태우는 식으로 난민의 위험성을 부각하려는 것은 옳은 것이 아닙니다.

나그네를 돌보는 것은 모세오경에 담긴 가장 중요한 정신이 아닙니까? 강도만난 이웃을 돌아보아야 된다는 것은 예수님의 삶과 가르침의 중심이 아닌가요? 그렇다면 우리 그리스도인들이야말로 다른 누구보다도 난민을 긍휼의 눈으로 바라보고 따뜻함으로 영접해야 할 사람일 것입니다.

난민을 바라보는 그리스도인의 시각 (2)

한국기독신문 (2018-09)

2009년 한 난민인권센터 사무국장은 이런 자조적인 말을 했습니다. "지난 1994년부터 지금까지 우리나라의 난민신청자는 약 2336명 정도인데, 우리는 이보다 적은 숫자의 한국인만이 재한 난민의 존재를 알고 있을 거라 우스갯소리를 하곤 한다."

이만큼 난민문제에 관심이 없던 우리나라에 갑자기 변화가 일어났습니다. 제주도에 밀어닥친 500여명의 예멘 난민들로 인해 중요한 사회적인 이슈가 된 것입니다. 이들에 대해서 긍휼의 마음을 갖고 적극적으로 받아들이자는 사람들도 있지만, 난민신청자 다수가 이슬람이다 보니 극단적인 이슬람국가나 테러범들을 연상하면서 아예 부정적인 시각을 갖는 사람들도 많습니다.

분명 난민문제는 단순하지 않습니다. 난민정책에는 그들을 잘 선별하는 일과 정착과정 그리고 다시 되돌려 보내는 일등 고려해야할 많은 사안들이 있을 것입니다. 그러나 큰 그림에서 본다면 우리나라는 이제 난민수용에 보다 전향적인 자세를 가져야 합니다. 우리는 과거 남의 원조를 받는 가난한 나라에서 이제 원조하는 나라가 되고 세계경제대국으로 국제위상이 높아진 만큼 이런 문제에서 보다 책임을 질 줄 알아야 합니다.

그러나 하나님의 긍휼과 은혜를 경험한 우리 그리스도인들은 이런 세상적인 이유와는 다른 차원에서 난민문제를 생각해야 한다고 봅니다. 하나님은 이 어둠의 나라에 속하여 멸망할 수밖에 없는 우리를 살리기 위해 그의 독생자를 아낌없이 내어주셨습니다. 그래서 그의 십자가 은혜로 말미암아 우리는 값없이 하나님나라 백성으로 받아들여졌고, 하나님의 자녀로 입양되었습니다. 그렇다면 우리야말로 세상 사람들보다도 더 긍휼을 실천해야 할 사람들이 아닙니까?

나 역시 난민에 별 관심이 없었으나, 이 문제를 숙고하게 한 몇 가지 인상적인 일들을 경험했습니다. 독일에서 퀼른의 한 오래된 교회를 방문하여 건물들을 둘러보다가 친교관 지하에서 나오는 역한 냄새를 맡았습니다. 안내하는 목사님이 이곳에는 난민들이 살고 있는데, 그들이 자신의 토속적인 음식을 만들다보니 나는 냄새라고 설명해주었습니다. 이들이 난민보호소가 아닌 교회에 있었던 것은, 독일정부가 난민으로 인정하지 않고 쫓아내려는 사람들을 독일교회가 보호하고 있었기 때문이었습니다. 정부는 교회에 압력을 가했지만, 목사들은 꿈쩍하지 않고 이들을 지켜주려고 했습니다. 그 독일 목사에게 당신들은 깨끗한 독일인인데 이런 냄새가 역겹지 않냐 고 하니, 정색을 하면서 아무 문제없다고 대답한 것이 기억납니다. 그들은 이런 수고가 신앙인으로서의 책무라고 생각한 것입니다.

2년 전 종교개혁 499주년 때에 독일에서 논문을 지도하신 링크(C. Link)교수를 제자들이 모셨습니다. 서울에서 여러 차례 세미나를 갖고 부산에도 내려와 우리 교회에서 주일예배 설교를 했습니다. 본래는 사모님도 같이 초청했는데, 사모님이 그 도시에 온 난민들을 돌보기 바쁘다면서 정중히 거절하셨습니다. 나는 그것을 이해했습니다. 독일 있을 때에 교수님 부부가 아프리카 난민을 자기 집 지하에 데리고 있는 등 난민문제에 열정적이었음을 알기 때문입니다.

그런데 우리 교인들은 사모님이 이 좋은 여행의 기회를 난민 때문에 포기하셨다는 말을 듣고 감동을 했습니다. 그래서 사회선교위원회에서 즉시로 회의를 열어 난민 돕는 일에 동참하겠다면서 교수님에게 100만원을 전달했습니다. 교수님은 감격해서 받아가셨고, 이것을 그 도시의 난민단체에 전달해서 난민 지위 취득에 필요한 변호사비용으로 사용하기로 했습니다. 교수님은 이 사실을 자신이 몸담고 있는 독일교회에 자랑했는데, 잔잔한 감동과 함께 몇몇 사람이 자신도 기부하겠다며 헌신했다는 흐뭇한 일화도 전해주셨습니다.

물론 독일을 비롯한 유럽에도 난민수용을 반대하는 목소리가 커지고 있습니다. 늘어나는 외국인으로 인해 겪는 갈등을 침소봉대하며 극우정당들이 지지기반을 넓혀가고 있습니다. 그러나 많은 의식 있는 사람들은 여전히 이 연약한 사람들을 섬기는 일에 헌신합니다. 특별히 교회들이 하나님의 긍휼을 실천하기 위해 노력하고 있습니다. 우리 한국교회성도들도 앞으로 전개될 난민 문제를 보다 열려진 자세로 대하고, 보다 적극적으로 저들을 섬길 수 있게 되기를 바랍니다.

미국의 첫 흑인 대통령에 담긴 의의

CTS (2008-11)

많은 사람들이 이번에 미국 대통령선거 결과를 놓고 마틴루터 킹의 승리라고 합니다. 2차 대전 후 미국 흑인해방운동의 지도자였던 킹 목사의 꿈이 이루어졌다는 것입니다. 그는 1963년 링컨기념관에서 링컨이 노예 해방을 선언한지 100년이 지났지만, 아직도 미국 사회는 인종차별의 족쇄 속에 살고 있다고 소리 높여 외쳤습니다.

실로 킹 목사가 노벨평화상을 수상한 1964년 그해에 흑인유권자등록운동을 벌이던 3명의 청년들과 흑인 인권운동가였던 헨리 디와 찰스 무어가 순차적으로 KKK 단원들에게 폭행당하고 살해되었습니다. 이 끔찍한 살인사건의 주범인 경찰관 제임스 실은 증거불충분으로, 레이 킬런은 범죄가 확실함에도 전도사라는 이유로 석방되었습니다. 이런 어처구니없는 판결이 내려지는 사회가 바로 40년 전의 미국이었습니다.

물론 그 뒤로 인종차별을 극복하기 위한 많은 노력들이 있었고 제도적 법적 발전이 있었습니다. 그러나 흑인이 미국의 최고 권력자로 오르게 된 이번 선거야말로 인종차별의 족쇄가 풀어지는 것을 공적으로 선언하는 것과 다름없다고 할 수 있습니다.

세계 어디나 다양한 종류의 차별이 존재합니다. 그리고 이런 차별로 인해서 많은 사람들은 큰 잘못을 범하고 상처와 아픔을 주고받게 됩니다. 하나님은 외모로 사람을 차별하는 것을 분명 죄라고 말씀하십니다.

> "만일 너희가 사람을 차별하여 대하면 죄를 짓는 것이니 율법이 너희를 범법자로 정죄하리라" (약 2:9)

이 분명한 말씀에도 불구하고 기독교를 신봉하는 미국에서 그것도 믿음이 좋고 보수적이며 성경을 하나님의 말씀으로 철저히 믿는다고 하는 남부지역에서 이런 인종차별이 지속되어 왔다는 것은 참 아이러니한 일입니다.

우리사회는 흑백갈등은 없지만, 그 못지않게 성차별, 지역차별, 신분차별, 빈부차별 등등 다양한 차별이 존재합니다. 심지어 많은 외국인노동자들이 들어오면서 과거 인종차별을 당했던 민족이 이제는 인종 차별을 자행하는 민족이 되고 있습니다. 이 모든 것들은 우리 사회를 끊임없는 갈등과 분열로 나누는 보이지 않는 암적 요소이면서, 우리가 반드시 극복해야할 과제입니다.

물론 이것은 쉬운 일이 아닙니다. 오바마를 적극적으로 지원 유세했던 토크쇼의 여왕 오프라 윈프리는 비록 흑인대통령이 나왔다고 해도 미국 사회에서 진정한 인종차별의 치유는 앞으로 100년 안에는 불가능하다고 말했습니다.

　우리에게서 역시 지금까지 익숙해진 차별의 시각과 습관이 쉽게 치유되는 것은 아닙니다. 그러나 노력해야 합니다. 적어도 우리 자녀들 때에는 사회적 차별이 우리보다 훨씬 더 사라지는 시대가 되기를 기대하면서 말입니다. 이 일에 우리 믿음을 가진 성도들이 앞장 설 수 있기를 바랍니다.

5. 더불어 사는 사회

- 더불어 사는 공동체
- 불공평한 세상 – 공평하신 하나님
- 다원화시대의 종교갈등
- 수도권과 지방의 격차
- 신종플루에 담긴 교훈
- 성폭력사회
- 문명 속의 야만 – 폭력

더불어 사는 공동체

CTS (2013-02)

　작년에 30대 여자가 자살한 지 7개월 만에 미라처럼 말라있는 상태에서 발견된 일이 2건이나 있었습니다. 그들은 오래 전부터 가족들과 관계를 끊고 살았었습니다. 이처럼 외롭게 살다가 외롭게 세상을 떠나는 일들이 연이어 일어나고 있습니다. 이런 안타까운 죽음의 일차적 원인은, 고립된 성향, 정신적인 문제 등 그 개인에게 우선 있을 것이고, 가족들의 책임도 클 것입니다.
　그러나 조금 더 눈을 들면 다른 원인이 보입니다. 급격한 경제성장 속에서 우리사회가 잃어버린 것이 있습니다. '더불어 사는 공동체성' 이 그것입니다. 우리는 지금 온통 경쟁을 부추기는 사회, 능력 있는 사람들에게 기회와 힘을 몰아주는 사회, 이로 인해 빈익빈 부익부로 이어지면서 양극화가 심화되는 사회에서 살고 있습니다. 그리고 여기서 양산된 루저들은 설 땅을 잃어갑니다. 심약한 이들은 자포자기 하고, 독한 사람들은 묻지마 범죄자로 전락하는 것입니다.

　우리나라가 OECD국가 중 자살률 1위, 지난 20년간 자살률 5배 증가, 특별히 노인자살률의 폭발적인 증가는 우연이 아닙니다. 생명경시사상이나 자살을 부추기는 사람들에게만 책임을 전가할 수는 없습니다. 우리 사회에 자살의 영이 충만하다는 식의 소위 영적인 해석은 오히려 문제의 본질을 희석시킬 뿐입니다. 이 모든 것은 지금 우리 사회가 처한 척박한 환경의 당연한 귀결입니다.

　그것은 어느 정치인이나 기업가만의 책임이 아니라 우리 모두의 책임입니다. 당연히 교회에도 책임이 큽니다. 교회가 복음이 지향하는 본연의 자리에 서지 못했기에 세상을 바르게 돕지 못했습니다. 이제 우리는 정말 신앙의 가르침으로 돌아가야 합니다. 그것이 무엇입니까? '더불어 사는 공동체성' 입니다.

　'더불어 사는 공동체성' 은 어떤 사회학에서 빌려온 것이 아닙니다. 이것은 이스라엘공동체가 안식년이나 희년 등을 통해서 빈부격차를 치유하도록 규정한 율법의 핵심사상이고, 신약에서 오순절 성령강림으로 시작된 교회와 복음의 본질입니다. 예루살렘에서 시작된 초대교회성도들은 먼저 자신의 소유욕을 내려놓고 서로의 물건을 공유하면서 더불어 살아갔습니다. 특별히 가진 자들이 자신들의 집과 땅을 팔아 그것을 궁핍한 자들에게 나누어줌으로 교회 내에 가난한 자, 핍절한 사람들이 없게 했습니다. 이렇게 지상에 세워진 최초의 교회는 '더불어 사는 공동체' 로 시작했습니다.

　이제 이러한 '더불어 사는 삶' 은 교회에서부터 실천되어져야 합니다. 교회가 바로 그런 공동체가 되고, 그런 공동체에서 교육받은 성도들이 세상에서 그 가치를 실천하는 것이 되어야 합니다.

유대인들은 금요일 저녁 안식일이 시작되면 상점들마다 문을 닫으면서 조금 전까지 팔았던 상품들 중에 일정량을 가게 앞 길가에 내놓습니다. 누군가 필요한 사람, 가난한 사람들이 거저 가져갈 수 있도록 하는 것입니다. 이를 통해 유대인의 삶의 가장 중요한 원칙인 제다카 즉 자선과 선행을 실천하고 있습니다. 국가나 복지제도에만 의존하는 것이 아니라, 국민들이 자신의 삶의 가치에 뿌리내린 제다카를 자발적으로 실천하는 것입니다.

이제 우리가 가야할 방향을 분명히 합시다. 얼마나 많이 벌 것인가를 계산하지 말고, 얼마나 많이 나눌 것인가를 계산하는 것입니다. 다른 사람과의 경쟁에서 얼마나 앞설 것인가를 셈하지 말고, 다른 사람과 어떻게 더불어 갈 것인가를 셈하는 것입니다. 그리하여 우리가 몸담은 사회가 보다 '더불어 사는 공동체'가 되는데 헌신할 수 있기를 바랍니다.

불공평한 세상-공평하신 하나님

CTS (2010-12)

한해를 보내면서 과연 우리가 사는 이 세상은 공평한 세상이었나 하는 질문을 던지고 싶습니다. 2006년 호주 시드니에서 아주 성대한 결혼식이 있었습니다. 아시아에서 세 번째로 갑부인 홍콩의 리자오지의 둘째 아들이 결혼했는데 그 비용으로 220억원이 들었다. 이들 사이에 아기가 태어나고 80일 되는 날 그는 이 손주에게 6억원짜리 페라리 자동차를 선물로 주었습니다.

그런가 하면 다른 세상도 있습니다. 2년 전 40대 여인이 서울의 한 마트에서 우유 한 팩을 포함해서 3만원어치 물건을 몰래 가져나오려다 주인한테 붙잡혀 경찰에 넘겨졌습니다. 병든 남편 대신 식당일을 하면서 가족 부양을 하던 그녀는 딸이 마음 놓고 냉장고에서 우유를 꺼내 먹게 하고 싶어서 자신도 모르게 훔치게 되었다고 진술했습니다. 너무 다른 세계가 아닙니까?

　19세기 말 이탈리아의 경제학자 파레토가 파레토법칙을 발표했습니다. 한 사회에서 20%에 해당되는 소수의 계층이 전체 소득의 80%를 차지하고 있다는 것입니다. 그러나 지금은 20대 80이 아니라, 10대 90입니다. 한 유엔기구의 보고에 따르면 2000년 기준으로 세계는 상위 10%가 전체 부의 85%를 보유하고 있고, 반면에 하위 50%가 전체 1%에 불과한 부를 나누고 있었습니다. 파레토 때에 비해 빈부격차가 더욱 벌어진 것입니다. 그리고 이 격차는 미래에 더 더욱 벌어질 것이라고 학자들은 지적합니다.

　이처럼 세상은 공평하지 않습니다. 무엇이 세상을 이처럼 불공평하게 만들었습니까? 어떤 사람은 불공평하고 억울한 일을 만날 때에 하늘을 원망합니다. 그러나 하늘의 하나님은 공평하신 분으로 본래 세상을 공평하게 만들었습니다. 그런데 죄가 세상에 들어오고 그 죄의 종이 된 인간이 육체와 마음의 욕심대로 살아가면서 불공평의 주범이 되고 말았습니다.

　공평하신 하나님은 누구보다도 그의 창조세계가 공평한 세상으로 회복되기 원하십니다. 그래서 먼저 그분이 친히 하늘의 영광을 버리고 자신을 비워 종의 형체로 이 땅에 오셨습니다. 그것도 마구간에서 태어나 말구유에 누우시고, 가난한 동네 나사렛에서 목수의 아들로 자라나시더니 마침내 십자가라는 비천한 형틀에서 죽으셨습니다. 이 모든 것은 그의 가난해짐을 통해서 우리 모두를 부요하게 하고 그의 고난을 통해서 우리에게 평화를 주기 위함이었습니다.

　아울러 하나님은 세상에서 가진 자들을 움직여 보다 공평한 세상을 만들기 원하십니다. "이제 너희의 넉넉한 것으로 그들의 부족한 것을 보충함은 후에 그들의 넉넉한 것으로 너희의 부족한 것을 보충하여 균등하

게 하려 함이라" (고후 8:14)

　이것을 어떻게 실현하십니까? 부요한 자의 것을 강제로 빼앗아서 가난한 자에게 나누어 줍니까? 물론 가진 자의 의지와 상관없이 국가의 제도와 공권력으로 공정한 분배를 이루는 것도 중요합니다. 그러나 그보다 더 중요한 것은 가진 자들의 자발적인 나눔을 통해서입니다. 세계 전 재산의 85%를 소유하고 있는 10%의 사람들이 나눌 수만 있다면 공평한 세상이 될 수 있을 것입니다. 아니 99%를 소유하고 있는 상위 절반의 사람들이 1%를 소유한 하위 절반의 사람들에게 보다 더 나누어주려 한다면, 이 땅은 보다 하나님이 바라시는 세상이 될 것입니다.

　우리나라 사람들은 그 평균소득을 세계 전체에서 생각해본다면, 대부분은 상위층입니다. 가난한 이들도 이미 다양한 복지혜택을 받고 있습니다. 그러나 세계에는 극빈층이 많습니다. 굶어 죽는 사람들도 많습니다. 유엔 식량농업기구(FAO)에 따르면, 세계에 굶주리는 사람이 8억 5천만 명에 달하고 매년 500만 명이 넘는 어린이가 굶주림과 영양실조로 숨지고 있다는 것입니다. 이것도 사실 2004년도 통계에 불과합니다.

　지난 해 세계 식량정상회의를 열면서 FAO에서 하나에서 여섯까지 세는 퍼포먼스를 했습니다. 6초마다 한명의 어린이가 기아로 죽어가는 현실을 알리기 위해서입니다. 우리가 매일 점심 식사하는 한 시간 동안 600명의 어린이가 배고픔으로 죽어간다는 끔찍한 사실입니다. 이들은 돈 천 원이면 하루를 마음껏 먹을 수 있는 데 말입니다.

　새해가 밝아왔습니다. 올 한해를 우리에게 허락하신 하나님은 '공평하신 하나님, 균등케 하시는 하나님' 이십니다. 이 해는 하나님의 자녀 된 우리를 통해서 이 땅에 보다 공평한 세상이 만들어질 수 있기를 바랍니다.

다원화 사회의 종교 갈등

CTS (2009-02)

  우리는 종교가 다원화된 사회 속에서 살아가고 있습니다. 기독교와 불교, 가톨릭 등이 주류가 되고 그 외의 크고 작은 수많은 종교들이 산재해 있습니다. 일본처럼 수많은 신을 믿는 것은 아니지만, 우리 민족 역시 범사에 종교성이 강한 사람들임에 틀림없습니다.
  이러한 종교들이 상호 평화를 이루는 것은 우리와 우리 자녀들이 살아가는 이 사회의 평화와 안정에 대단히 중요한 것입니다. 반면에 종교분쟁만큼 무서운 것이 없습니다. 종교는 단순한 신념을 넘어서서 영원성을 지향하는 것이기에 그것을 사수하기 위해서는 목숨을 걸고 싸우게 됩니다. 유럽은 30년 전쟁 등 수많은 종교분쟁으로 인하여 홍역을 톡톡히 치렀습니다. 가장 오랜 민주주의의 역사를 가진 영국의 북아일랜드에서는 개신교와 가톨릭의 분쟁으로 많은 희생자를 냈지만, 아직도 완전한 평화를 이루지 못하고 있습니다.

그러므로 우리는 처음부터 종교분쟁이 일어나지 않도록 서로 노력해야 합니다. 우리 그리스도인들은 사실 '종교인' 이라는 말을 좋아하지 않습니다. 우리의 신앙을 여러 종교 중의 하나로 상대화시키고 싶지 않기 때문입니다. 이 세상의 신은 오직 한분 하나님이십니다. 그러므로 하나님 앞에서 우리는 종교인이 아닙니다.

그러나 이 사회 즉 아직 완전한 구속이 이루어지지 않은 이 현실 사회 속에서, 우리는 스스로를 종교인으로 자각할 줄도 알아야 합니다. 다른 종교를 갖고 있는 사람들처럼 우리 역시 기독교라는 종교를 갖고 있는 종교인입니다. 이러한 사회적인 시각을 공유하고 인정하는 것이 필요합니다.

그리고 사회 속에서 하나의 종교인으로서 우리는 다른 종교를 존중할 줄 알아야 합니다. 이 말은 다른 종교에도 구원이 있다거나 그들을 전도의 대상으로 삼지 말라는 말이 아닙니다. 종교의 자유가 모든 민주주의의 기본이 되어있는 이 사회에서 우리는 그들이 믿는 종교를 하나의 종교로, 그리고 그들을 하나의 종교인으로 존중할 줄 알아야 한다는 것입니다.

바울이 아테네에 갔을 때에 수많은 우상을 보고 마음에 분개했습니다. 그러면서 그는 부활하신 예수가 참 주 되심을 전했습니다. 그러나 그 우상들을 부서뜨리는 일은 하지 않았습니다. 혹간 그릇된 열정은 다른 종교를 말살하려고 합니다. 불상을 부수고, 신전을 훼손하는 것이 하나님을 섬기는 도라고 생각합니다. 구약의 장면을 연상하면서 이런 것을 하나님에 대한 열정의 표현으로 미화하기도 합니다. 나아가 기회와 권한이 주어지면 다른 종교를 법이나 권력으로 억압하려고 합니다.

이것은 먼 과거 단일종교사회에서 가능하던 일입니다. 다원화된 사회 속에서 우리는 모든 종교가 사회적으로 동일한 권리를 누리도록 보장해주어야 합니다. 대통령이 개신교인이거나 개신교가 다수라고 해서 더 많은 권리 내지는 특권을 기대하거나 요구해서는 안 됩니다. 우리는 세상 권력의 도움을 받고 세상권력을 의지하는 자들이 아닙니다. 교회는 과거 그러한 것들에 기대면서 타락했던 역사를 갖고 있습니다.

만일 우리가 오직 예수 그리스도만이 하늘과 땅의 권세를 가지신 왕이요, 유일한 구원자라고 하는 것을 진정 확신한다면, 우리는 좀 더 여유를 갖고 타종교를 대할 수 있을 것입니다. 이것이 또한 이 사회를 평안과 안정 가운데 지키는 것이요, 궁극적으로는 우리가 모든 경건과 단정함으로 고요하고 평안한 생활을 할 수 있는 길입니다.

수도권과 지방의 심각한 격차

시사칼럼 (2009-07)

우리나라 인구의 1/2, 그리고 재원의 2/3가 수도권에 집중적으로 몰려 있어 전 국토가 날로 균형성을 잃어 가고 있습니다. 그리고 그 이득은 소수의 사람들에게 돌아가며, 그 폐해는 대부분의 국민들이 입고 있습니다. 서울을 비롯한 수도권의 사람들은 전국에서 몰려드는 인구로 인하여 그들이 차지하고 있던 비좁은 땅을 나누어 주어야 하고, 더욱 극심한 교통 체증에 시달려야 합니다.

그러나 수도권 집중 정책의 폐해는 그 누구보다도 수도권 이외의 지방 사람들이 당하고 있습니다. 대부분의 관공서들, 기업들의 본사와 공장들이 수도권에 밀집됨으로 인하여 지방은 일자리가 줄어들고 그러다 보니 젊은이들이 떠나가며 인구가 감소하면서 지방 공동화 현상이 나타나게 된 것입니다. 단순히 경제적인 차원뿐 아니라, 그에 뒤따르는 삶의 질의 차이는 시간이 갈수록 더욱 현격하게 벌어져 갑니다.

지난 정권에서 국토를 균형 있게 발전시켜야 한다는 의도 하에 시도했던 수도 이전 계획은 기득권 상실을 우려한 수도권의 반대에 부딪혀 무산이 되었고, 그나마 공기업의 지방 이전도 정권이 바뀌면서 유야무야된 상태입니다. 겉으로는 지방 균형 발전을 이룬다는 전제 하에 이런저런 거창한 계획을 발표도 하지만, 이를 위한 구체적인 실천은 뒤로 미루고, 오히려 수도권에 가했던 규제를 점차 완화해 수도권 집중을 더욱 가속화 시키고 있습니다. 이를 두고 우리나라를 서울공화국, 수도민국을 만들려고 하는 게 아니냐는 지방의 비난에 정부는 겸손히 귀를 기울여야 합니다.

수도권 규제 완화를 주창하는 사람들은 수도권 규제 정책이 소위 하향평준화 정책으로 국가 경쟁력을 추락시키는 주요인이라고 강조합니다. 이들은 경제 성장을 위해서 서울을 비롯한 수도권이 세계적인 경쟁력을 갖춘 대도시권을 형성해야 한다는 주장을 일삼으면서 그러면 지방도 수도권을 뒤따라 상향평준화가 되어서 그 덕을 보게 될 것이라고 말합니다.

이런 논리는 서울과 지방간의 격차가 더욱 심화된 지난 몇 년의 통계 수치를 비교해 볼 때에 더 이상 설득력이 없다는 사실이 증명되었습니다. 최근 언론에서 부산의 집 6채를 팔아도 서울 강남의 집 한 채를 못산다는 사실과 아울러 강남과 지방의 집값 차이가 최대 26배가 넘는다는 놀라운 보도를 접할 수 있었습니다. 이렇게 엄청난 집값의 차이 이면에는 산업, 교육, 의료, 문화 등의 심각한 질적 차이가 내재되어 있는 것입니다. 부자를 더 잘 살게 하면 결국 다 같이 잘 살게 된다는 것은 정말 궤변중의 궤변입니다.

그와 반대로 성경은 평균케 하시는 하나님의 원리를 항상 가르치고 있습니다. 하나님의 뜻은 부요한 지체의 부가 가난한 지체 가운데로 나누어져서 평균케 하기를 원하시지, 어느 한 지체를 집중적으로 부요하게 하기 위해서 다른 지체들을 가난하게 만드는 그런 것이 아닙니다.

예수님도 당시 모든 권력과 재원이 집중되었던 예루살렘에서 태어나신 것이 아니라, 도리어 가장 소외되고 가난했던 납달리 스불론 지역, 즉 갈릴리 지방에서 태어나 사역하셨습니다. 주님의 이런 행적 속에서도 우리는 하나님의 뜻을 찾아내기가 어렵지 않습니다.

크고 많아지면 성공이라고 생각하고, 무엇이든지 대형이면 편하고 좋다는 왜곡되고 획일적인 가치관에 사로잡힌 우리나라에서는 어느 정도 정부의 강한 규제와 노력이 필요합니다. 자유와 자율에만 맡겨서는 안 됩니다. 국토가 균형 있게 발전되어 모든 지역이 살기 좋은 곳이 되기 위해서는 수도권의 규제도 필요하고 지방에 더 많은 투자와 또 공기업 본사의 지방 이전도 당연히 필요한 것입니다.

작은 도시라고 해도 교육과 문화와 의료 등의 인프라를 갖추어 살기에 불편함이 없고 각각의 특성과 은사에 따라 자부심을 가질 수 있는 도시들이 되어야 합니다. 그렇게 될 때에 비로소 서울과 수도권도 안정적으로 건강한 대도시가 될 수 있고, 그럴 때에 진정한 국제적인 경쟁력을 갖춘 살기 좋은 도시가 될 수 있을 것입니다.

신종플루에 담긴 교훈

시사칼럼 (2009-05)

지난 4월 24일 멕시코에서 60명이 돼지독감에 감염되어 사망된 것으로 의심된다고 WHO가 보도한 후, 다소 진정세를 보이던 이 바이러스는 다시 전 세계로 확산되면서 감염자가 만명을 넘고 사망자는 80여명에 이르고 있습니다.

그 후에 돼지와 직접적인 관계가 없다하여 신종플루라는 이름으로 바뀌었지만, 분명한 것은 이것이 사스나 조류 인플루엔자, 광우병과 같은 인수공통 전염병이라는 사실입니다. 인수공통 전염병이란 바이러스 등의 병원인자가 사람과 동물을 넘나들면서 발생하는 병으로 현재 전체 전염병의 70%에 이르고 있습니다. 이 전염병이 치명적인 것은 이처럼 종간 장벽을 넘나들면서 유전자 변이가 지속적으로 일어나고 이 과정에서 강력한 인체 병독성을 획득하는 경우가 많기 때문입니다.

이제 이런 종류의 전염병에 대한 대비책이 인류의 중요한 과제로 떠오르고 있습니다. 물론 철저한 방역 시스템과 치료제 개발이 가장 시급한 과제이겠지만, 우리는 이 심각한 상황에서 보다 더 근본적인 삶의 자세를 두 가지 측면으로 반성해 볼 수 있습니다.

그 첫째는 가난한 나라의 위생을 생각하는 것입니다. 이제는 전 세계가 글로벌화 되면서 한 지역의 문제가 그 지역에만 국한되지 않고, 급속히 빠른 속도로 전파되어 다른 지역에도 막대한 영향을 주고 있습니다. 조류독감의 경우는 철새를 통해 병이 옮겨지기도 하지만, 대부분의 전염병은 더욱 빈번해진 교통망을 타고 아주 빠르게 번져가는 현실입니다. 지금은 한 나라가 완벽한 방역시스템과 위생 상태를 갖추어도 전염병을 막을 수가 없게 된 것입니다. 그야말로 국경 없는 위기에 흔들리는 지구촌이 되고 말았습니다.

그러므로 이제 내 나라만이 아닌 다른 나라의 위생도 돌아보아야 합니다. 전염병은 당연히 위생 상태가 청결하지 못하고 공공의료체계가 제대로 갖추지 않은 나라에서 발생하고 창궐하게 되는데, 현재 전 세계의 10억 명 이상이 안전한 식수를 얻지 못하는 비위생적인 환경에서 살아가고 있음을 우리는 기억해야 합니다.

'빈곤의 종말'을 저술한 제프리 삭스는 해마다 100만 명 이상의 아프리카 어린이들이 모기장을 비롯한 아주 단순한 생필품조차 제공되지 않아서 말라리아로 사망한다고 밝히면서 "이 질병이 해마다 수백만 명의 소중한 목숨을 앗아가도록 내버려 둔다는 것은 어떤 핑계로도 정당화될 수 없다." 고 말했습니다. 이제는 지구촌이 나 홀로만 잘 사는 것에서 벗어나, 함께 더불어 살아가려는 의지를 가져야 할 것입니다.

둘째로, 사람뿐 아니라 동물의 복지를 생각해야 합니다. 대부분의 인수공통 전염병은 소, 돼지, 닭 등 사람들이 식용으로 키우는 가축들과 연계되어 있습니다. 싼 값에 대량으로 육류를 제공하기 위해서 업자들은 가축들을 좁은 공간에 최대한 밀집시켜 사육하는 소위 집중형 사육방식을 도입해 왔습니다. 그리고 그런 열악한 환경 탓에 약해지고 병에 자주 걸리게 되는 가축들에게 대량의 항생제를 투여했습니다. 이러한 인간 중심의 사육이 결국은 인간에게 치명적인 독이 되어 고스란히 돌아오게 되는 것이다. 이런 식의 동물학대로 인한 피해를 유럽은 가장 먼저 크게 입었습니다. 그래서 이제는 각 나라마다 먼저 인간의 건강을 지키기 위해서 동물복지를 위한 법 제정을 서두르는 형편이며, 점차 확대해 나가고 있습니다.

오늘날 인수공통 전염병의 확산은 인간이 자신들의 욕심과 이기심만 채우려고 애쓰면 결코 행복해질 수 없다는 것을 보여주는 산 증거라 하겠습니다. 하나님이 구약 시대의 이스라엘 공동체를 통해서 우리에게 주시는 명령이 바로 이것입니다. 언제나 우리의 과도한 욕심을 내려놓고 가난한 자와 더불어 그리고 동물이나 자연과 더불어 살아가라는 것입니다. 하나님의 이와 같은 근본적인 가르침을 따를 때에 궁극적으로 우리는 다른 사람과 함께 조화롭고 인간다운 삶을 누릴 수 있을 것입니다.

성폭력 사회

시사칼럼 (2009-02)

성폭력과 성차별의 문제를 생각해봅시다. 얼마 전 민주노총에서 한 여성회원이 노조 간부에 의해서 성폭력 당한 것이 큰 이슈가 되었습니다. 조직 내부에서 이를 미리 알고 있었지만, 피해자에게 조직을 위해서 참을 걸 강요하면서, 사실 자체를 은폐하려고 했습니다. 이 은폐기도 사실이 알려지면서 파장은 더욱 커져 마침내 민주노총에서 공식적으로 대국민 사과를 하고 지도부 전원이 사퇴하는 데까지 이르렀습니다.

이 진보성향의 단체는 지금까지 겉으로 남녀 차별 철폐 등의 노선을 주장해왔지만, 실제로 그 내부 사람들의 사고방식은 이것과 전혀 상반된 것이었습니다. 이런 이중성으로 인해 민주노총은 도덕성뿐만 아니라, 신뢰성에도 아주 커다란 상처를 입게 되었습니다. 또한 이러한 이중성은 지금 민주노총의 비도덕성을 비난하는 다른 여타의 기관들 속에서도 이와 유사한 문제가 곪아 터지고 있을지도 모른다는 우려를 갖게 하고 있습니다.

성폭력이나 성추행은 예기치 못하게 낯선 사람을 통해서 일어나기도 하지만, 자신이 몸담고 있는 조직 내의 구성원들 속에서 오히려 더 빈번히 일어나고 있습니다. 구성원 사이에 권위적인 상하관계가 형성되어 있을수록 더욱 일어나기 쉬운 범죄입니다. 물론 남성이 여성에 의해서 성추행을 당하는 예도 있지만, 대부분은 연약한 여성들이 남성들의 희생자가 되기 마련입니다. 성경에서도 야곱의 딸 디나, 압살롬의 누이 다말이 성폭력을 당하면서 피비린내 나는 복수가 이어지는 것을 보게 됩니다.

이처럼 성폭력은 예나 지금이나 본인과 가족들에게까지 커다란 상처를 주고 심지어는 그 상처가 평생 지워지지 않는 아주 큰 범죄입니다. 그러나 여성이 이런 큰 상처를 받게 된다는 사실에 대한 의식이 우리 사회의 남성들 속에는 진지하게 인식되지 못하고 있습니다.

근간에 우리나라에서 성폭력이나 성추행 사건이 빈번히 일어나는데 그 원인을 두 가지로 생각해 본다면, 첫째로는 급격한 성 개방 풍조에서 보편화되고 있는 성적 타락과 실추된 성도덕입니다. 온라인 매체가 발달하는 가운데 인터넷이 음란과 불륜의 온상이 되고 있습니다. TV 드라마 역시 불륜을 소재로 다루지 않으면 시청률이 오르지 않고, 3만 개가 넘는 러브호텔이 온 나라를 뒤덮고 있습니다. 성적인 타락은 국내에만 머무르지 않고 동남아를 비롯해서 중국, 몽골이나 중앙아시아까지 전염시키고 있습니다.

하나님이 주신 소중한 성을 불의의 도구로 전락시키는 데 익숙해진 사람들이 도처에서 기회만 되면 자신의 욕망을 분출하려고 하고, 그것이

추행이나 폭력으로 이어지고 있습니다. 이러한 타락의 흐름을 멈추기 위해서는 국가기관이나 시민단체의 모니터링을 통한 공적인 사역이 필요합니다. 그러나 그보다 더 중요한 것은 부적절한 성 문제에 관하여 "No"라고 단호히 말할 수 있는 의식 있는 사람들이 많아져야 한다는 것입니다. 이를 위해 어느 누구보다도 먼저 그리스도인들의 거룩한 삶이 절실히 요청됩니다.

또 다른 하나는 바로 가부장적인 권위주의입니다. 빠르게 진행되는 성개방과 달리 권위주의적인 사고에서 나오는 남성 우월주의는 우리 사회에서 아직 쉽게 변하지 않고 있습니다. 심지어 진보를 내세우는 운동권에서조차 내부조직 속에는 이러한 전통이 고수되고 있다는 것입니다.

이러한 권위주의적이고 남성 우월적인 사고에서는 여성을 무시하거나 비하하는 것이 몸에 배어 있고, 그러는 가운데 성적인 상처를 입히는 것을 대수롭지 않게 생각하는 우를 범하기 쉽다는 것입니다.

성경은 근본적으로 가치에 있어서 남녀의 차이를 두지 않습니다. "이는 여자가 남자에게서 난 것 같이 남자도 여자로 말미암아 났음이라 그리고 모든 것은 하나님에게서 났느니라."(고전 11:12) 이런 표현들은 당시 가부장적인 권위주의가 철저했던 고대사회에서는 가히 혁명적인 생각이었습니다.

그러므로 모든 사람이 하나님 아래서 평등함을 믿는 우리 그리스도인들에게 성차별은 옳지 않은 것입니다. 한국 사회뿐 아니라, 한국 교회 안에서도 여성들의 역할이나 지위 그리고 리더십에 있어서 보다 열린 자세가 필요합니다. 능력을 가진 자에게 기회를 주는 것이 당연하다고 생각합니다.

이번 민주노총의 성폭력 사건이 단순히 정치적으로 오용되기 보다는 우리 사회에 깊이 뿌리박힌 성 차별의 문제를 돌아보고 성을 상품화하는 그릇된 사회 풍조와 성적인 방종에 대한 반성의 계기가 되었으면 합니다.

문명 속의 야만-폭력

CTS (2010-10)

아직 우리나라에서는 폭력의 문제가 사회전반에 일상화되어 있습니다. 얼마 전 한 몽골여인이 한국남편의 폭력에 견디지 못하고 같은 동포여인에게 도망을 쳤는데, 이를 알고 따라온 그 남편이 아내를 숨겨준 몽골여인을 살해한 끔찍한 일이 일어났습니다. 이처럼 한국에 결혼 와서 매 맞고 사는 수많은 이주여성들을 통해서 한국남자들의 폭력성이 아시아의 여러 나라에 회자되고 있습니다.

몇 달 전에는 교사가 교실에서 학생을 심하게 구타하는 것이 동영상에 찍혀 퍼져나가면서 학교폭력 또한 도마 위에 올랐습니다. 학교에서 체벌을 금지시키려고 하는 교육감의 정책에 많은 교사와 심지어 부모까지도 반발하고 있습니다.

폭력은 학교나 가정뿐이 아닙니다. 몇 년 전 한 TV에서는 '매 맞는 직장인들-꿀밤에서 각목까지' 를 통해 직장 내에서 일어나는 폭력을 고발했습니다. 한 취업포털 사이트의 조사에 따르면 직장인 열 명 중 세 명은 직장에서 신체적 폭력을 경험했고, 폭력 가해자로는 직장 상사가 90%이상으로 가장 많았다는 것입니다.

작년 남극의 세종기지에서 주방장이 총무에게 무자비하게 구타당하는 사건이 있었고 이 경악스러운 장면 역시 동영상을 통해서 퍼져나갔습니다. 비슷한 시기에 한 배구 국가대표선수가 행동이 건방지다는 이유로 코치에게 폭행을 당해 전치 3주에 달하는 부상을 입은 사건이 알려졌습니다. 이러한 것들은 가정과 학교, 스포츠, 직장 등 우리사회전반에 만연해 있는 폭력의 문제를 보여주고 있는 예들입니다.

폭력이 사회전반에 만연한 원인을 우리는 폭행사건 주위에 있는 사람들의 생각과 태도에서 어렵지 않게 찾아볼 수 있습니다. 세종기지의 경우 기지 대장은 이 사건을 쉬쉬하면서 덮기에 급급했고, 대원들은 폭력을 행사한 총무를 오히려 두둔하고 있었습니다. 얻어맞은 주방장은 평소 문제있는 사람이었고, 때린 총무는 책임감이 강하고 맏형과 같은 사람이었으니 선처해 달라는 것입니다. 한마디로 폭행한 사람도 잘못이지만, 오죽했으면 그랬겠느냐는 것이지요.

폭력이 일상화된 체육계의 일각에서는 오히려 선수들을 폭력이라는 도구로 강하게 다루지 않고 좋은 성적을 낼 수 있겠냐고 말합니다. 마치 지금까지 메달을 따고 국위선양 한 것의 배후에 이런 비인격적인 선수관리가 한 몫을 한 것이 아닌가하는 의구심이 들게 만듭니다.

우리나라는 GDP가 세계 14위, 작년 수출은 세계 9위이며, 올해 G20을 유치하는 등 한편으로는 아시아계의 변방에서 세계 중심의 영향력 있는 문명국으로 커가는 것 같지만, 다른 한편으로는 폭력과 같은 야만적인 관습들이 치유되지 못한 채, 대를 이어가고 있습니다.

 탈식민주의 이론을 대변하는 하버드대학의 호미바바교수는 "문명이 전승되고 이식되듯 야만 역시 이곳에서 저곳으로, 한 세대에서 다음 세대로 부단히 전파된다는 점"을 문제로 제시하면서 "문명에 내재하는 야만의 전파야말로 야만이 지닌 역동성의 원천이 되고 있다"고 우려했습니다.

 우리 사회 구석구석에 폭력이라는 야만이 이어지고 있는 것은 우리 사회가 아직도 강자의 논리에 사로잡혀 있다는 것을 말해주는 것입니다. 강자는 지배하는 것이고, 그 지배를 효율적으로 하기 위해서는 폭력이 필요하며, 그래서 결과만 좋으면 모두가 좋은 것이라는 생각 – 이것은 얼마나 위험한 것입니까? 그 어떤 연유에서건, 그 어떤 목적을 위해서건 폭력은 정당화 될 수 없습니다. 이런 강자의 논리가 사회를 지배하는 한 야만은 치유되지 않고 우리 다음세대로도 이어질 것입니다.

 폭력을 누구보다도 야만시하시는 분은 바로 우리 하나님이십니다. 성경은 "여호와는 의인을 감찰하시고 악인과 폭력을 좋아하는 자를 마음에 미워하시도다."(시 11:5)고 말씀하고 있습니다. 예수님은 진정한 강자는 지배하는 자가 아니라, 사랑으로 섬기는 자라고 가르치셨고 그분 스스로 힘이 있었지만, 우리를 위하여 폭력에 저항하지 않고 희생의 자리에 서심으로 그 폭력의 불의를 드러내셨습니다. 그러므로 그의 제자 된 우리 그리스도인들은 누구보다도 비폭력의 삶을 실천하면서 가정이나, 직장이나 어느 곳에서건 폭력을 치유하기 위해서 노력하도록 합시다.

6. 정의와 공의

- 사회적 공의
- 정의란 무엇인가
- 법의 권위를 세우려면
- 인권에 대한 우리의 양면성
- 용산 철거민 참사
- 토지 공개념
- 사회청렴도

사회적 공의

CTS (2010-01)

　새해를 맞이하면서 우리 개인과 가정이 하나님의 뜻에 합당하게 성장해가기를 바라면서 아울러 우리가 몸담고 있는 사회와 국가 역시 더 좋게 발전하기를 기원합니다.
　좋은 사회, 좋은 국가란 어떤 것일까라고 물을 때에, 좀 포괄적이지만 무엇보다도 공의가 바르게 시행되는 사회라고 말한다면 크게 잘못되지 않을 것입니다.
　구약신학을 대표하는 독일의 게하르트 폰 라드는 공의를 가리키는 히브리어 '제다카'(sedaka)란 '우리 인간이 하나님과의 관계와 사람과의 관계에서뿐 아니라, 동물을 대하고 더 나아가 자연 환경을 대하는 척도'라고 말하고 있습니다. 다시 말해서 공의란 사회의 모든 관계를 엮어가는 가장 기본적이고도 중요한 요소라고 하는 것입니다.

특별히 공의는 하나님이 그가 허락하신 모든 국가에 요구하시는 가장 핵심적인 척도입니다. 하나님은 아모스 선지자를 통해 국가의 최우선 과제는 "오직 정의를 물 같이, 공의를 마르지 않는 강 같이 흐르게" 하는 것이라고 말씀하셨습니다 (암 5:24). 정의를 실종한 사회는 아무리 GNP, GDP가 높다고 해도 하나님이 기뻐하시는 건강한 사회가 아닙니다. 그런 점에서 그리스도인들은 국가문제를 다룰 때에 다른 무엇보다도 언제나 사회 공의적인 관점에서 국가의 건강성을 살피고 통치자가 이를 바르게 실현하고 있는가를 눈여겨보아야 하고 그들에게 이것을 요구할 수 있어야합니다.

성경이 말하는바 사회적인 공의란 무엇인가요? 종교개혁자 칼뱅은 각 나라의 상이한 법 구조의 기초에는 보편적으로 공유하는 보편적 공의(aequitas)가 자리 잡고 있다면서 그 보편적 공의가 모세의 율법과 다르지 않다고 하였습니다. 그리고 그 하나님의 율법에 나타난 공의의 핵심을 칼뱅은 예레미아 22:3로 보았습니다. "여호와께서 이와 같이 말씀하시되 너희가 정의와 공의를 행하여 탈취 당한 자를 압박하는 자의 손에서 건지고 이방인과 고아와 과부를 압제하거나 학대하지 말며 이곳에서 무죄한 피를 흘리지 말라"

이 말씀이 가리키는 것처럼, 성경 속에서 사회적인 공의의 초점은 언제나 힘없고, 가난하고, 소외된 사람들에 대한 권력의 배려에 맞추어지고 있습니다. 하나님이 국가에 권력을 주시고 권력자를 세우신 것은, 탈취당한 자를 압박하는 자의 손에서 건지는 것 다시 말해서 힘없는 자를 힘 있는 자들로부터 보호하기 위한 것입니다.

뿐만 아니라, 그 약자들로 하여금 사회 속에서 자립하여 살 수 있도록 돕는데 국가의 권력을 사용하라고 하는 것입니다. 안식년이나 희년 등은 사회적 약자들이 경제적으로 자립하여 살 수 있도록 배려하는 제도이고, 이 제도는 많이 가진 자의 희생을 전제로 하고 있는 것입니다. 그러나 엄밀한 의미에서 희생이라 할 수 없는 것은, 가진 자들이 이처럼 율법을 시행할 때 하나님은 그들이 보다 더 잘 살 수 있도록 보장해 주신다고 약속하셨기 때문입니다. 이것이 하나님이 국가에 요구하는 공의의 핵심입니다. 그러므로 약자를 배려하는 사회적 정의는 우리 그리스도인들이 국가의 건강성을 재단하는 가장 근본적인 척도입니다.

이러한 척도를 갖고 우리 사회를 볼 때, 갈수록 심화되는 빈부격차의 해소는 무엇보다도 우리가 안고 있는 중요한 과제입니다. 우리나라는 2007년 기준 최상위 계층이 최하위계층보다 평균 4.7배 이상 소득이 많아 OECD 국가 중 미국(4.85배)에 이어 두 번째로 심한 빈부격차를 보이고 있습니다. 아울러 이것은 10년 전 3.72배에 비해 크게 높아진 것으로 해가 거듭할수록 소득 불균형이 심화되고 있음을 보여주고 있습니다. 나아가 우리나라의 교육현실을 감안할 때에 이러한 소득의 격차가 '부와 가난의 대물림' 현상으로 고착되어 가는 것을 우려하지 않을 수 없습니다. 이것은 공의롭지 못한 사회의 모습입니다.

올해에는 국가지도자들이 보다 공의로운 사회를 위해 바른 정치를 하기를 요청하며, 이를 위해서 우리가 이 사회 속에서 예언자적인 역할을 바르게 하고, 먼저 삶의 자리에서 그러한 공의를 실천해가는 성도들이 되기를 바랍니다.

"정의란 무엇인가?"

좋은 신문 (13-03)

　그리스도인은 모두 시대의 예언자들입니다. 전도 역시 개인의 참모습과 미래의 심판에 관한 예언적인 선포입니다. 그러나 우리의 예언적인 사명은 이러한 개인 전도에만 머무르지 않고 우리가 몸담고 살아가는 이 사회에까지 미쳐야 합니다.

　예언이란 점치는 것이 아닙니다. 우리에게는 하나님이 주신 의의 잣대가 있습니다. 이것으로 우리 사회를 재는 것입니다. 그 의의 잣대가 무엇입니까? 바로 하나님의 말씀입니다. 구약의 예언자들은 모세 5경(토라)를 갖고 자신의 시대를 날카롭게 재단했습니다.

　그 토라의 핵심은 무엇입니까? 아직 죄가 관영하는 가운데서 하나님과의 관계를 회복하고, 사람들과의 관계를 회복하여 공동체성을 지켜가라는 것입니다. 공동체성이란 함께 더불어 살아가는 것입니다. 이것을 위해서 가장 중요한 것은 바로 정의입니다. 오늘날도 마찬가지입니다. 살기 좋은 세상을 만드는 그 핵심은 다른 무엇이 아니라, 정의입니다. 아무리 경제적으로 발전해도 정의가 없으면 더불어 사는 사회가 아닙니다.

그렇다면 그 정의란 무엇입니까? - 성경은 이것을 공평한 저울로 표시합니다. "공평한 저울과 공평한 추와 공평한 에바와 공평한 힌을 사용하라 나는 너희를 인도하여 애굽 땅에서 나오게 한 너희의 하나님 여호와이니라" (레 19:36) 이 정신대로 독일 프랑크푸르트에 서 있는 '정의의 여신상'은 기울어지지 않은 저울과 칼을 들고 있고, 우리나라 서울대법원 앞에 있는 정의의 여신상은 저울과 법전을 들고 있습니다.

공평한 저울이 의미하듯이 정의로운 사회는 법이 공정하게 시행되는 사회입니다. 가진 자와 가난한 자 사이에서 법은 추호도 편벽됨이 없어야 합니다. 당연히 법 자체도 공정해야 합니다. 독일의 나치나, 우리나라의 유신독재와 같이 독재자들에 의해서 법이 조작되면, 아무리 법대로 시행한다고 해도 그것은 이미 불의한 사회입니다.

그러나 공정한 법만으로 더불어 사는 사회가 될 수 없습니다. 굶는 조카들을 위해 빵 한 조각을 훔친 장발장을 죄수로 가두는 사회를 정의로운 사회라고 말하지 않습니다. 다시 말해서 사회정의는 경제적인 평등이 전제가 되어야 한다는 것입니다. 마이클샌들은 '정의란 무엇인가?'에서 이것을 지적합니다. "사회가 정의로운지 묻는 것은 우리가 소중히 여기는 것들, 이를테면 소득과 부, 의무와 권리, 권력과 기회, 공직과 영광 등을 어떻게 분배하는지를 묻는 것이다."

놀랍게도 성경에서의 정의는 언제나 공평한 분배를 근거로 합니다. 하나님은 가나안에서 처음 국가를 시작하는 이스라엘에게 무엇보다도 모든 지파에 대한 공평한 땅 분배를 명하셨습니다. 땅은 삶의 필수요건이기 때문입니다. 이렇게 해서 이스라엘은 인류 역사상 가장 평등한 사회로 시작했습니다.

그러나 평등한 시작으로 다 되는 것이 아닙니다. 시간이 흐름에 따라 빈부격차는 생기기 마련입니다. 룻기에서 볼 수 있듯이, 기근이 찾아오거나 남편이 죽어 과부가 되거나 아들이 없는 것 등이 가난의 원인이 됩니다. 그리고 일단 가난의 코스에 들어서면 악순환은 반복됩니다. 처음에는 땅을 팔고 소작인이 되고, 그 다음에는 몸을 팔아 종으로 전락합니다. 그러면 스스로 다시 회복한다는 것은 거의 불가능합니다. 이처럼 가난은 개인의 잘못일 수도 있지만, 사회의 공동책임입니다.

그러므로 성경은 이를 치유하는 제도를 중시했습니다. 누군가 가난하여 땅을 팔았을 때에, 가까운 친척이 대신 땅값을 지불해줍니다. 이것이 '기업 무르기' 입니다. 그리고 매 7년 안식년을 면제년이라고 해서 빚을 탕감해주고 종을 자유하게 해주었습니다. 그리고 50년마다 돌아오는 희년에는 종을 완전히 해방시키고, 땅도 제 주인에게 값없이 돌려줍니다. 다시 시작할 수 있게 하는 것입니다. 희년이야말로 토라의 정신이 집약되고 정의에 대한 하나님의 뜻이 잘 드러난 제도였습니다. 예언자들은 토라에 나타난 이러한 하나님의 뜻을 잣대로 삼아 자신이 살던 시대의 불의를 드러내고 정의와 공법을 부르짖었습니다.

하나님의 이러한 뜻은 이스라엘이라는 신정국가에만 해당되는 것이 아니라 모든 시공을 초월하여 모든 국가에 적용해야할 진리입니다. 이 땅에 세속국가를 허락하신 하나님은 국가가 하나님의 정의를 실현하는 도구가 되기를 원하십니다.

물론 오늘날의 세속국가에서 성경의 말씀을 문자적으로 적용할 수는 없습니다. 희년제도를 국가에서 그대로 시행하기를 요구한다면, 그것이야말로 코란을 문자대로 시행하려는 이슬람근본주의와 다를 바 없을 것입니다.

그러나 성경 안에 담긴 하나님의 뜻과 정신은 변함이 없습니다. 그 뜻은 더불어 사는 공의로운 사회를 이루는 것입니다. 우리는 이러한 하나님의 뜻이 사회 속에서 바르게 시행되는가를 분별하고 그것을 이루어가는 공의로운 공동체가 되도록 시대의 예언자의 사명을 잘 감당해야 할 것입니다.

법의 권위를 세우려면

시사칼럼 (2010-01)

　우리 국민들은 과거 일제식민통치 36년 동안 불의한 법과 헌병, 경찰을 앞세운 공권력 아래서 말할 수 없이 큰 고통을 겪어왔습니다. 해방 후에도 권위주의적인 독재 정권 하에서 국가 권력은 의롭지 못했습니다. 유신헌법 등의 반민주, 반인권 법을 만들고, 군인과 경찰을 앞세워 사람을 억압함으로 국민들은 공권력을 두려워했고, 그 아래서 자행되는 불공정하고 부당한 일들을 묵묵히 참고 견뎌야만 했습니다. 그러다가 민주화가 되어가는 과정 중, 과거 불의한 법의 실체들이 드러났고, 국가 폭력의 사례들이 밝혀지면서, 국민들 속에서 법의 권위는 땅에 떨어지고, 공권력은 불신을 받게 되었습니다.
　그러나 오늘날에는 불신이 지나쳐 우리 국민들 속에 방종의 기류가 흐르고 있는 것을 보게 됩니다. 옳은 법도 자기 이익에 부합되지 않으면 불법으로 매도하며, 공권력을 집행하는 경찰에 대항하는 등 정당한 공권력마저 인정하지 않으려고 하는 그릇된 습관이 국민들 사이에 만연하는 것입니다. 국가뿐 아니라, 자신이 속한 크고 작은 공동체의 룰을 깨뜨리고 가장 상식적인 것조차도 실천하지 않는 것이 정치인들부터 시작해서 일반시민들 가운데도 일상화되어 있습니다.

민주주의가 뿌리를 내린 서양에서 법을 무시하고 정당한 공권력에 대항할 때 그 대가가 얼마나 혹독한 것인지를 알 필요가 있습니다. 국민들의 이런 자기중심적인 행동은 책임을 담은 자유가 아니라, 방종에 불과합니다.

우리는 과거 불의했던 권력의 역사와 그에 대한 지나친 반동에서 빚어진 방종의 역사 사이에서 벗어나 이제는 제자리를 찾아야 합니다. 사회적인 합의를 통해 룰을 만들면 그것을 서로 존중할 줄 아는 사회 풍토가 서로 간의 신뢰를 만들고, 그러한 사회적 신뢰가 나라를 강하게 하는 힘인 것입니다.

이러한 노력은 국민들뿐 아니라, 나라를 다스리는 권력자들에게도 중요한 것입니다. 권력자들은 국민들에게 법치의 중요성을 말하고 가르쳐야 할 뿐 아니라, 그들 스스로가 법과 질서 아래 복종하는 본을 보여야 합니다.

그런 점에서 볼 때에 얼마 전 삼성 이건희 회장의 사면은 법의 권위를 스스로 무력하게 만드는 좋은 표본이라 할 것입니다. 우리나라의 대통령들은 그동안 특별사면이라고 하는 권한을 남용하여 사법부 위에 군림하는 것 같은 모습을 보여 왔습니다. 오랜 세월 법정공방이 이어지고, 대법원까지 가서 신중하게 결정된 판결들을 손바닥 뒤집듯이 하여 사면시켜

버리면 그만입니다.

이건희 회장은 지난 번 서울 고등법원에서 양도소득세 포탈 혐의, 삼성 SDS의 신주인수권부사채의 저가발행에 대한 유죄가 인정되어 징역 3년에 집행유예 5년, 벌금 1천100억 원의 선고 받았습니다. 이 판결이 과연 공정한 것이었는가에 대해서 의문을 제기하는 사람들도 많았습니다.

또한 얼마 전 대법원은 이회장의 에버랜드 전환사채를 통한 편법 증여 혐의에 대해서 무죄선고를 내렸는데, 이 또한 '유전무죄 무전유죄' 의 인상을 국민들에게 깊이 심어주면서 사법부의 정의에 대해서 회의를 갖게 하였습니다. 법은 만민 앞에서 공평해야 합니다.

그런데 거의 10년 넘게 법정다툼을 벌여 그나마 유죄선고를 받은 이 회장을, 대통령은 불과 4개월 만에 소위 평창 동계올림픽 유치와 경제를 위한다는 명분에서 사면시킨 것입니다. 이것은 그 동안 늘 법치를 앞세우고 공권력의 회복을 강조하면서 강경한 기조를 유지해왔던 대통령 자신의 태도와 모순되는 것입니다. 겉으로는 법이나 정의, 명분을 말하면서 실상은 경제와 실리를 앞세우고 있는 것은 아닌지 모릅니다.

그러나 하나님이 세우신 국가의 권력자는, 당장의 경제적인 이익보다도 정의를 물 같이 공의를 마르지 않는 강 같이 흐르게 하는 것을 우선해야합니다. 그리고 멀리 내다볼 때에 결국 이것이 국익을 위하는 더 나은 길입니다. 대통령부터 시작해서 공무원과 경제인들 그리고 모든 시민에 이르기까지 법과 공의를 소중히 여기는 나라가 되기를 간절히 바랄 뿐입니다.

인권에 대한 우리의 양면성

시사칼럼 (2009-02)

2차 세계 대전 이후 인간의 존엄성과 권리에 대한 깊은 반성의 물결이 일어나는 가운데 유엔은 인권위원회라는 기구를 설립하고 1948년 12월 10일 총회에서 세계인권선언문을 선포하였습니다. 이 선언문은 모두 30개 조항을 통해 인간이 인간다운 삶을 살 수 있는 시민적, 문화적, 경제적, 정치적, 사회적 제 권리들을 명시하고 있습니다.

그러나 이보다 더 중요한 것은 이 선언문이 최초로 인권의 보편성을 확인하였다는 점입니다. 이것은 인권이란 인간의 존엄성과 공의에 기초한 것이므로 지역적 전통이나 풍습, 여타의 가치들이나 이념, 심지어는 한 국가 내의 법조차도 인권을 규정한 보편적인 원칙들에 선행되어서는 안 된다는 사실입니다. 실로 인간의 존엄성과 가치는 그 무엇으로도 상대화 할 수 없는 소중한 것입니다.

성경은 인권선언문보다 훨씬 더 오래 전에 인간 존엄성의 근원을 명확히 말해주니 놀랍기만 합니다. 다른 여타의 피조물과 달리 모든 인간은 하나님의 형상을 따라 지으심을 받았습니다. 그러므로 인종, 피부, 민족, 계급, 외모와 관계없이 모든 인간은 하나님의 형상을 담고 있는 존귀한 존재입니다. 인간을 멸시하고 학대하는 것은 곧 그의 형상되신 하나님을 모독하는 죄입니다. 그러므로 인간의 권리와 가치는 상대화 되어서도 안 되고 그 무엇의 수단이 되어서도 안 됩니다.

오늘날 인권을 감시하는 기구도 많고 인권을 위한 각국의 노력이 있지만, 종종 인권은 정치나 이념의 도구로 오용되기도 합니다. 겉으로는 인권을 앞세우지만, 그 내면에 인권보다는 자신의 정치적인 목적이나 국가 이익이 우선되는 것입니다. 이것은 UN의 인권선언 정신에도 그리고 무엇보다도 성경의 정신에도 위배되는 것입니다.

가령 민주주의와 인권을 최고의 보편적인 가치로 여긴다고 말하는 미국은 자신과 대립되는 나라에 대해서는 그 나라의 인권 문제를 앞세워 비방과 압력을 가하지만, 이스라엘과 같이 자신의 국가적인 이익과 부합되는 나라가 자행하는 인권 유린은 관대하게 대하는 이율배반적인 모습을 보입니다. 이것은 공평하지 못해서가 아니라, 사실 인권을 가장 보편적인 가치로 인정하지 않고 있기 때문으로 봐야 합니다.

우리나라의 보수와 진보 단체들의 행보도 그와 비슷합니다. 진보적인 시민단체들은 미국의 이라크 침공을 비난하고 아프가니스탄과 관타나모의 포로들에게 행한 비인간적인 처사에 대해서는 상세히 다루지만, 북한의 인권 탄압에 대해서는 놀라울 만큼 관대하고 침묵합니다. 그 이유는 북한을 자극하면 남북관계에 부정적인 영향을 미칠 수 있다는 판단에서인데 결국 정치적인 논리가 인권 그 자체를 우선하고 있는 것입니다. 아울러 이스라엘의 팔레스타인에 대한 인권침해는 열을 올리며 비난하면서도 이슬람국가들이 샤리아법을 앞세우면서 자행하는 온갖 비인간적인 인권유린의 행위에 대해서는 무척 관대한 것도 볼 수 있습니다.

보수적인 시민단체나 보수적인 기독교계도 마찬가지입니다. 그 동안 인권 문제에 대해서 늘 침묵하면서 관심 없어 하던 사람들이 유독 북한의 인권 문제를 앞세우며 비인간적인 북한 사회의 실태를 고발하기에 열을 올리지만, 과연 그것이 인권의 가치에 대한 순수한 열정에서 나오는 것인지 정직하게 돌아볼 필요가 있습니다. 만일 정말 그러하다면 과거와 현재 우리 사회에서 저질러지는 반인권적인 행위에 대해서도 그만큼의 민감한 반응을 보일 수 있어야 합니다. 아울러 국제사면위원회의 보고와 같이 현재 세계 155개국에서 자행되는 인권문제에 대해서도 관심과 공정한 태도를 가질 수 있어야 할 것입니다.

인권은 어떤 정치적인 목적보다 더 우선되는 절대적인 가치를 갖고 있습니다. 그것은 어떤 정치 성향에 의해서 좌우될 수 있는 성질의 것이 아닙니다. 하나님은 그의 형상을 따라 사람을 만드시고, 그 타락한 사람들을 위해서 또한 참 형상되신 그리스도를 이 땅에 보내셔서 죽게까지 하셨습니다. 그러므로 우리 그리스도인들은 누구보다도 인간의 가치와 존엄성을 귀하게 여기며 진정 세계의 인권 신장을 위해서 노력해야 합니다.

용산 철거민 참사

시사칼럼 (2009-02)

　　지난 1월 20일 용산 4구역 재개발 현장 한 건물에서 철거에 항의하는 철거민들에 대한 경찰의 진압 작전으로 경찰관 한 명을 포함하여 6명의 사상자를 낸 엄청난 사건이 도심 한 가운데서 일어났습니다. 이 사건의 원인과 과정 그리고 검찰의 공정한 수사 결과를 바라보는 우리 그리스도인들은 참으로 착잡한 마음을 갖지 않을 수 없었습니다. 자신들의 요구가 관철되지 않는다는 이유로 시너 통을 들고 화염병을 던져대는 철거민들의 모습도 그렇고, 무슨 대단한 위험이 야기되는 상황이 아님에도 불구하고 불과 농성 하루 만에 그것을 진압하기 위해서 무리한 작전을 펼치면서 큰 희생자를 낸 공권력을 보는 것도 답답하기 짝이 없었습니다. 어찌 보면 우리 사회의 온갖 문제들이 다 압축되어 있는 사건이 아니었나 하는 생각이 들 정도였습니다.

그리스도인으로서, 사회의 법을 어겨 가면서까지 남을 해치는 폭력을 행사하는 것을 옳은 처사라고 두둔할 수는 없습니다. 사회의 질서와 공공의 안녕을 위해서 공권력은 적절히 행사되어야 하며 법과 원칙은 당연히 중요합니다.

그러나 법과 원칙의 차원만으로 이 사건을 이해할 수는 없는 실정입니다. 여기 농성 자들은 불과 얼마 전까지만 해도 이 상가에 세 들어 장사하는 그저 우리와 꼭 같은 상식을 갖고 살아가는 시민들이었습니다. 도대체 무엇이 이들로 하여금 이처럼 극렬한 저항을 선택하게 만들었습니까? 이에 대한 이해를 간과하면서 누구의 옳고 그름을 말할 수가 없다는 것입니다.

우리나라에서 도시 재개발을 시행해 나가는 데에는 많은 문제점과 갈등이 따르고 있습니다. 물론 주민이나 세입자들 중에는 이것을 기회로 한 몫 잡자고 하는 나쁜 사람도 분명 있을 것입니다. 그러나 자신의 권리나 재산에 대한 정당한 보상을 받지 못하는 사람들도 발생할 수 있고, 그들은 어떠한 형태로든 저항하기 마련입니다. 상가 세입자의 경우는 시설비나 권리금 등이 고려되지 않음으로 인해서 오랜 세월 지켜온 삶의 터전을 고스란히 빼앗기게 된 것입니다. 부산의 서대신 1구역의 경우 오랫동안 살아온 무허가 입주자들에게 평수와 관계없이 겨우 4백만 원을 내주고 철거를 요구하였다니 그 돈으로 어디에 가서 어떻게 살겠습니까?

이렇듯 철거민에 대한 충분한 보상과 배려가 결여된 채, 사업자와 일부 땅 주인만이 거대한 이윤을 남기는 재개발은 앞으로도 끊임없이 이러한 극한 분쟁을 야기할 수 있다는 사실입니다. 그리고 억울한 약자를 양산해 내는 제도 하에서 저항하는 사람들을 법과 원칙을 중시한다는 명분을 앞세워 공권력으로 다스리려고만 하는 것도 정부의 바른 태도가 아니라고 봅니다.

아울러 이번 불행한 사태의 밑바닥에는 '빨리 빨리'라고 하는 우리들의 조급증도 깔려있는 것 같습니다. 이해관계가 맞는 다수의 사람과 협상을 하면 나머지는 용역을 동원해서 폭력으로 밀어붙이려고 하는 사업자의 자세도 그렇고, 빨리 농성자를 제압하겠다고 나선 경찰의 태도도 마찬가지입니다.

일본 도쿄의 롯본기 6가는 재개발 지역으로 지정된 후 지속적으로 주민들과 대화하고 설득하여 12년 만에 재개발 조합 설립 신청서를 도쿄도에 제출했습니다. 주민들의 90%가 찬성하였지만, 시는 미가입한 30여 가구를 소홀히 대하지 않고 가입률을 좀 더 높이라고 요구하여 8개월 뒤에야 조합인가를 내준 것으로 유명합니다. 일본의 예를 보면서 우리에게는 대화를 위한 인내가 보다 더 필요하다는 사실을 절감하게 되었습니다.

그러나 보다 더 근본적인 문제는 재개발이란 것이 언제나 땅을 노동이나 주거의 개념보다도, 재산증식의 수단으로 집착하는 사람들에 의해서 주도된다는 데에 있습니다. 그것은 땅의 원주인이신 하나님의 뜻에 정면으로 거스르는 것입니다. 하나님은 이스라엘 공동체에게 땅을 공정하게 분배하여 모두가 잘 살 수 있도록 하셨고, 희년마다 땅을 원래의 주인에게 돌려주어 사회적 약자가 살 수 있도록 명하셨습니다. 오늘날 우리 사회는 이런 제도를 전혀 이해할 수 없을 만큼 창조주의 뜻으로부터 너무 멀리 떨어져 와 있습니다.

이번 용산 사건이 단순히 표피적인 책임 공방에 머무르지 말고 우리 모두가 보다 본질적인 반성을 할 수 있는 계기가 되기를 바랍니다. 그리고 국가는 앞으로 억울한 약자들이 생겨나지 않도록 제도적인 배려를 하는데 더욱 노력해야 할 것입니다.

토지 공개념

시사칼럼 (2009-05)

정부는 최근 침체에 빠진 경기를 활성화해야 한다는 명분으로 양도세 중과세를 폐지하는 방침을 발표했습니다. 양도세란 부동산을 팔 때에 얻게 되는 소득에 대해서 물리는 세금인데, 그 동안 1가구 다주택자인 경우에 중과세를 부과하였습니다. 그런데 이제 와서 그 중과세를 폐지하겠다는 것입니다. 이 안은 종부세법 개정에 이어 또 다시 부자를 위한 감세정책이라고 하는 여론의 역풍을 맞으면서 조금 변형되기는 하였지만, 결국 큰 틀의 변화 없이 진행될 것 같습니다.

현 대통령은 집권하면서 부동산 경기 활성화를 위한다는 목적으로 그 동안 부동산에 대해 가해졌던 온갖 규제들을 하나씩 풀고 있습니다. 그런데 이것이 경기 활성화를 뛰어넘어 부동산 투기를 조장하고 또 다시 부동산 파동을 불러일으킬 것이라는 우려의 목소리가 커지고 있는 현실입니다.

　이번 방침을 보면 정부는 전반적으로 '토지공개념'에 반하는 정책을 지향하고 있음을 알 수 있습니다. '토지공개념'이란 정부가 공공의 이익을 위해 토지에 대한 사유재산권을 규제할 수 있다는 말입니다. 토지의 사적인 소유권은 인정하지만, 그 이용권이나 수익권 그리고 처분권 등을 공익적인 원칙에 따라 국가가 통제 관리함으로 토지의 공공성을 앞세우는 것입니다. 이미 1976년부터 우리나라 정부는 토지공개념의 적극적인 도입을 천명하고 1989년 '택지 소유 상한제, 토지 초과 이득세법, 개발 이익 환수법' 등 이른바 토지공개념 관련 3법안을 입법화했습니다.

　우리나라와 같이 인구에 비해서 국토가 좁고 또 그나마 산이 많아 가용면적이 적은 나라에서는 토지가 생산 수단보다는 재산 증식의 도구, 불로소득의 원천으로 인식되기 쉽습니다. 결국 이를 노리는 투기꾼들이 성행하면서 부동산 가격이 꾸준히 올라가게 되고 이것은 최근 한국은행이 발표한 대로 집값이 원래의 가치보다 훨씬 과대평가 되는 등 부동산 거품으로 이어지기 마련입니다. 그리고 그 피해는 고스란히 집 없는 서민들에게로 돌아오게 되면서 부동산은 빈부격차의 주범이 되는 것입니다.

　그러므로 현재 우리나라 전체 세대의 1%를 차지하고 있는 1가구 3주택 이상 소유자들의 불로소득에 대한 세금을 깎아주려는 정부의 정책은 한 마디로 말해 정의롭지 못하다고 생각합니다. 토지 문제는 경제의 문제 이전에 정의의 문제로 다루어야하기 때문입니다.

　서구 사회에서는 오래 전부터 토지에 관한 사상가들이 많이 등장했는데, 그들의 공통점은 토지를 정의의 관점에서 바라본 것이고 그 정의의 핵심은 바로 토지공개념이라는 사실입니다. 이 토지공개념은 어떤 사람의 사상이나 이론에서 비롯된 것이 아니라, 바로 하나님의 가르침에 근거한 것입니다. 가장 고전적인 토지사상가인 존 로크는 "인간은 생존을 유지하기 위해서 하나님께서 만들어준 자연과 토지를 이용하지 않으면 안 된다. 그런데 이 자연과 토지는 하나님이 인류에게 공유로 주신 것이다."라고 말했습니다.

우리는 이런 가르침을 모든 성경의 근간이 되는 모세5경에서 분명히 찾을 수 있습니다. 하나님은 이스라엘 열두 지파, 모든 가족들에게 땅을 공평하게 분배하실 것을 약속하셨습니다. 그 땅은 노동과 삶의 근간이지 매매의 대상은 아니었습니다. 그러나 오랜 세월이 흐르면서 어쩔 수 없이 땅을 팔아야하는 일이 생기기 마련이었습니다. 이를 위해서 하나님은 50년마다 희년제도를 두어 땅을 본래 기업 받은 자에게 무상으로 되돌려주도록 하셨습니다. 이것이 바로 하나님의 정의입니다.

오늘날 우리가 이런 제도를 그대로 시행하는 것은 불가능하지만, 그 속에 담긴 하나님의 정의를 잊어서는 안 됩니다. 모든 토지의 원주인은 하나님이십니다. 그리고 하나님은 모든 사람들이 땅을 근거로 더불어 살기를 원하십니다. 토지는 1%의 사람을 위한 것이 아닌 모든 사람의 삶과 행복을 위한 것입니다. 토지 문제는 바로 이런 토지공개념에서부터 출발해야 합니다. 여기에 최대한으로 가까운 법과 제도를 세워가는 것이 공의로운 국가요, 정의로운 통치의 길입니다.

사회 청렴도

시사칼럼 (2009-04)

요즘 우리 사회에서는 박연차 리스트와 장자연 리스트 이 두 개가 가장 큰 화두가 되고 있습니다. 한 사람은 사업을 하면서 수많은 비자금을 불법 조성하여 여야 정치인뿐 아니라, 검찰과 경찰들에게까지 돈을 대어 준 혐의를 받고 있고, 또 다른 한 사람은 TV 탤런트로 자살하기 전 자신이 몸담고 있는 소속사의 부당한 대우와 성접대 강요 등을 고발하는 글을 남긴 사람입니다. 이 사건에 연루된 정치인들과 사회 지도층 리스트가 있다고 하는데, 아마도 그 리스트에 오른 사람들은 점점 좁혀오는 검찰 수사망에 잠 못 이루는 밤을 맞이하고 있을 것입니다. 앞으로 이 사건이 어떻게 전개되고 어떤 결말로 드러날지는 잘 모르지만, 이 두 가지 리스트는 우리 사회의 현주소를 잘 보여주고 있다고 해도 과언이 아닙니다.

특별히 박연차 리스트는 소위 사회 지도층들에게서 일어날 수 있는 온갖 비리들을 다 함유하고 있는 사건으로 보입니다. 한 기업을 경영하는 사람이 윤리의식을 전혀 갖지 못한 채, 회사 자금을 마치 자신의 개인 용돈처럼 사용하고, 그것으로 권력 주변의 영향력 있는 사람들에게 뒷돈을 제공하면서 그에 상응하는 특혜를 누려온 것입니다. 아울러 분명 직간접적인 대가를 바라는 뇌물성의 돈임을 알면서도 그것을 받은 국회의원들을 비롯한 공무원들이 그물망처럼 잠복되어 있습니다. 더구나 박연차 회장은 노 전 대통령의 형과도 긴밀한 관계를 가졌고, 또한 그 사위에게도 5백만 불이나 건네준 것이 확인되었으니, 자기 나름대로 깨끗한 정치를 표방한 노 전 대통령에게 큰 흠집으로 남을 것이 틀림없습니다.

얼마 전 국가 브랜드 위원회는 우리나라의 국가 이미지가 경제력에 비해 지나치게 저평가되고 있다고 발표했습니다. 세계 10위권의 경제 규모에도 불구하고 놀랍게도 한국의 국가 브랜드는 OECD 국가 중 33위로 꼴찌에서 두 번째라는 것입니다.

이런 저평가의 이유를 여러 가지 들 수 있겠지만, 무엇보다도 한국에 대한 부정적인 이미지에 그 원인이 있다고 봅니다. 가장 큰 부정적인 이미지는 바로 부정부패에서 비롯됩니다. 작년의 한 조사에 따르면 국내 거주 외국인들 중 절반 이상이 한국 공무원들이 부패했고 민간 부분도 마찬가지라고 응답했습니다. 58% 이상의 외국인들이 한국 사회의 부패로 인해서 기업 활동이 심각하게 저하되었다고 답했습니다. 아울러 40% 이상이 한국 기업의 '윤리 경영' 수준이 '낮다' 라고 말했으며, 부패 방지를 위한 사법, 정책 시스템이 효과가 없다는 평을 했다. 한 마디로 한국 사회에 대한 불신이 가득하다는 의미입니다.

더욱 유감스러운 것은 우리 국민 스스로의 인식도 그 범주에서 크게 벗어나지 않는다는 점입니다. 2007년 국제투명성기구의 조사에 의하면 한국인 2명 중 한 명은 앞으로 한국 사회에서 부패 문제가 치유되기보다는 더 악화될 것이라고 생각하고 있으며, 이런 생각을 갖는 사람이 전년도에 비해 무려 13%나 증가했다는 사실입니다.

부패가 감소되지 못하는 가장 큰 이유 중의 하나는 대통령을 비롯한 정치 권력자들이 그럴 의지를 갖지 못한다는 데 있습니다. 겉으로는 반부패 운동에 나서고 윤리경영을 말하지만, 정작 기업총수들이 관련되면 경제 논리를 앞세워서 슬그머니 뒤로 물러서는 것입니다. 한국 IBM 대표가 지적한 바 "부패혐의로 구속된 기업인들이 부적절하게 사면되는 경우가 너무 많다."는 말이 그 사실을 잘 입증해 주고 있습니다.

그러나 지도자의 의지나 제도, 법 등으로 이 모든 문제를 해결할 수는 없습니다. 청렴은 무엇보다도 모든 국민들의 의식 밑바닥에서부터 실천되어야 합니다. 이 문제에 있어서는 누구보다도 정직하고 공의를 앞세우시며 뇌물을 강하게 책망하시는 하나님을 아버지로 모시는 그리스도인들이 가장 큰 모범을 보일 수 있어야 합니다. 우리 각자의 직장에서 공적인 돈을 사적인 목적에 유용하는 일을 결코 해서는 안 됩니다. 상거래나 자녀교육에 있어서 뇌물을 주고받는 일을 해서도 안 됩니다. 무엇보다도 교회나 기독교 기관은 재정 운영에 있어서도 아주 모범적이면서 투명한 시스템을 갖추어야 합니다. 우리 사회의 부패 문제가 완전히 치유될 수 있으리라는 소망과 아울러 확신을 가질 수 있는 그런 날이 속히 오기를 바랄 뿐입니다.

7. 정치와 경제

- 그리스도인의 정치적 책임
- 사회통합을 지향하는 중도의 길
- 미국산 쇠고기 수입 문제
- 언론 정책의 방향
- 공영방송의 독립
- 양대 선거를 앞둔 그리스도인의 정치적 책임
- 국제사회에서의 책임의식
- 금융위기가 주는 교훈
- 빚을 두려워하는 삶

그리스도인의 정치적 책임

CTS (2007-12)

우리는 세상에서 끊임없이 선택하고 결정해야하는 문제를 안고 살아갑니다. 시장에 가서 오늘 저녁반찬거리로 무엇을 살 것인가라는 아주 작은 문제에서부터 누구와 결혼할 것인가에 이르는 인륜지대사에 이르기까지 선택해야할 일들은 수시로 우리에게 찾아옵니다.

존 밀턴은 하나님이 아담에게 이성을 주었을 때에 그것은 선택의 자유를 준 것이라고 하였습니다. 선택의 자유야말로 인간다움의 온전함입니다. 하나님은 우리를 로봇으로 만든 것이 아니라, 하나님의 형상을 가진 인간으로 만들어 가장 가치 있는 존재로 온 피조물 위에 세우셨습니다.

그런데 그 선택에는 언제나 책임이 따르기 마련입니다. 첫 사람 아담은 하나님이 주신 소중한 선택권을 가지고, 먹지 말라고 한 선악과를 선택함으로 자신과 자신의 모든 후손에게 씻을 수 없는 불행을 가져다주었습니다. 그러므로 선택은 언제나 신중하게 해야 하며, 또한 그 선택에 대해서 책임을 질 줄 알아야 합니다.

우리는 어제 아주 중요한 선택을 했습니다. 한 국가의 지도자를 뽑아 세우는 일이었습니다. 과거에 비해서 변화의 속도가 수십 배 수백 배 빨라진 오늘날, 5년이라는 긴 세월동안 나라를 끌고 나갈 대통령을 뽑는 것만큼 중요한 선택은 흔치 않을 것입니다.

우리는 흔히 정치지도자를 뽑고는 이제 내가 당신을 뽑았으니, 책임지고 바르게 하시오 라고 말합니다. 그러나 그 책임은 선택된 지도자뿐 아니라, 그를 선택한 모든 국민이 함께 해야 하는 것입니다. 특별히 우리 그리스도인들은 하나님으로부터 이러한 책임을 명받고 있습니다.

우리가 그리스도인으로 가져야할 정치적인 책임의 최우선은 무엇보다도 국가의 지도자들을 위해서 기도하는 것입니다. "그러므로 내가 첫째로 권하노니 모든 사람을 위하여 간구와 기도와 도고와 감사를 하되 임금들과 높은 지위에 있는 모든 사람을 위하여 하라 이는 우리가 모든 경건과 단정한 중에 고요하고 평안한 생활을 하려 함이니라."(딤전2:1-2)

우리가 기도하는 것 자체가 정치지도자들의 불완전함을 인정하는 것입니다. 그들은 하나님의 도움이 없이는 국가를 바르게 경영할 수 없습니다. 수많은 도전과 유혹을 이겨내고 진정 국민을 위한 지도자가 될 수 없습니다. 그러므로 우리는 이 불완전하고 연약한 지도자를 위해서 하나님의 도움을 구하는 것입니다. 정직한 지도자, 안목이 있는 지도자, 바른 분별과 판단을 할 수 있는 지도자, 리더십을 갖추고, 백성을 공의로 통치하는 지도자, 평화를 이루고, 국민화합을 이끌어낼 수 있는 지도자가 되게 해달라고 기도함으로 정치적인 책임을 함께 하는 것입니다.

아울러 진정한 기도자는 기도를 행동으로 옮깁니다. 한스 뷔르키의 말처럼 "기도는 보이지 않는 행동이요, 행동은 보이는 기도"입니다. 기도에서 공의로운 통치를 갈망하는 사람은 눈을 뜨고 살면서 지도자가 그러한 통치를 하도록 행동으로 돕는 것입니다. 그것은 바른 정책에 대한 격려와 적극적인 참여로 나타날 수 있습니다. 그릇된 정책에 대한 날카로운 비판, 나아가서는 국가 대계에 대한 예언자적인 권면으로 이어질 수도 있습니다.

공의롭고 평화로운 나라는 온 국민과 아울러 결국 우리 믿는 자들에게 경건과 거룩함으로 사는 환경을 만듭니다. 정직한 사람이 잘 살 수 있는 나라, 평화를 사랑하는 사람이 행복할 수 있는 나라 – 바로 이러한 것이 우리의 중요한 영적인 환경이 되는 것입니다. 그러므로 그리스도인으로서 정치적인 책임감을 갖고 하나님이 우리에게 주신 이 나라를 건강하고 바르게 세워갈 수 있기를 바랍니다.

사회 통합을 지향하는 중도의 길

시사컬럼 (2009-09)

　우리나라는 비록 땅 덩어리가 넓지도 않고, 자원이 많지도 않지만, 다른 어느 나라에 뒤지지 않는 좋은 인적 자원들을 많이 갖고 있습니다. 그럼에도 불구하고 진보와 보수의 이념 갈등이 심하여 소모적인 분쟁이 계속되고 사회적인 안정을 얻지 못하면서 정치, 경제 발전과 나아가 남북문제에 큰 걸림돌이 되고 있는 실정입니다.

　과거 노무현 정권 때에도 갈등의 골이 깊었는데, 정권이 바뀌고 새로운 대통령이 들어선 지금도 그 갈등의 골이 치유되기보다는 더욱 심화되는 양상을 보였습니다. 이것은 노 대통령이 좌파적인 코드를 갖고 정치를 했다면, 이 대통령은 우파적인 코드를 갖고 자신이 가진 코드의 테두리에서 벗어나지 못했기 때문이라 사료됩니다.

　이제 이러한 상황의 심각성을 느끼고 이 대통령 스스로가 중도강화론을 제창했습니다. 우도 좌도 아닌 중도의 길을 가겠다는 것입니다. 당연히 극좌, 극우의 비난과 빈정거림에 직면하겠지만, 이것은 대단히 지혜로운 선택이라 생각합니다. 중도는 양쪽의 균형을 잡아가면서 가운데 길을 가는 것이 아니라, 이념으로부터 자유로운 정치를 하겠다는 뜻입니다.

독일에서 제2의 비스마르크라 불리며 통일을 일구어 낸 보수당의 헬무트 콜을 누르고, 1998년 수상이 된 사회민주당의 게르하르트 슈뢰더는 집권하면서 '중도의 길'을 표방하였습니다. 그는 당시 같은 진보정당으로 집권한 영국의 토니 블레어와 함께 1999년에 '블레어-슈뢰더 공동선언'을 발표하고 중도개혁의 유럽 확산을 주도했습니다. 사회주의적인 정당이 이처럼 중도를 표방하는 가운데, 그해 사회주의 인터내셔널(SI)도 파리대회에서 중도를 중심철학으로 하는 '파리선언'을 채택했습니다.

이러한 '중도의 길'은 단순히 기회주의적이고 특징 없이 타협적인 길을 가는 것이 아니라, 소련과 동유럽 등의 공산주의가 와해된 세계 속에서 오랜 이념의 틀을 벗어버리려고 하는 시대적인 요청의 발로였습니다. 이러한 선언들이 특별히 좌파 정권에서 나온 것은 이들이 보수 정당보다도 오히려 이념을 지나치게 앞세우면서 급격히 변화되는 현실에 대응하지 못했다는 자각이 있었기 때문입니다.

비록 남과 북이 대치되어 냉전의 유산이 지구상에서 유일하게 남은 한반도이지만, 우리나라가 더 이상 시대에 뒤떨어진 이념에 매달려 서로 대립하는 것은 올바르지 않다고 봅니다. 이런 국가 현실에서 이 대통령이 '중도의 길'을 선언한 것은 매우 바람직한 현상이며 나아가 이에 대한 실천적인 의지로 진보적인 성향을 가진 정운찬 교수를 국무총리로 기용한 것은 기대가 되는 선택이라고 여겨집니다. 대통령은 정총리 후보에게 단순한 얼굴마담이나 꽃놀이패의 역할이 아니라, 실질적인 권한을 부여하며, 서로 생각이 다른 부분을 잘 조정해 나감으로 진보와 보수를 잘 아우르는 '중도의 길'을 보여줄 수 있어야 합니다.

이제 대통령 스스로 보수 이념에 집착하거나 또는 무리하게 언론을 장악하려고 하거나, 자기 성향의 사람으로 권력 기반을 채우려고 하기보다는, 우리 사회 각계 각층을 잘 이해하고 그들의 소리를 귀담아 들으며 그들과 잘 소통하는 통치자로서의 면모를 보여줌으로 국민 통합의 훌륭한 디딤돌을 놓을 수 있기를 기대합니다.

우리 그리스도인들은 누구보다도 탈이념적인 사람들이어야 합니다. 우리는 어떤 정치 이념의 노예가 되어서도 안 되고 될 필요도 없습니다. 예수 그리스도의 복음 이외에 세상에서 우리가 절대적으로 신봉할 이념은 결코 없다는 사실을 명심합시다. 모든 것이 그리스도의 진리 앞에서 상대적일 뿐입니다. 그러므로 이념에서 자유로운 그리스도인들이야말로 '중도의 길'을 걸어가면서 대립과 분쟁에서 한 발 물러나, 평화와 화합의 사역을 감당할 수 있는 사람들인 것입니다. 이 땅의 깨어 있는 그리스도인들을 통해서 우리 사회의 부서진 신뢰의 담들이 다시 회복되고, 우리 사회가 건강한 사회로 발전되어 갈 수 있기를 기대합시다.

미국산 쇠고기 수입 문제

시사칼럼 (2008-05)

오늘날 우리의 먹을거리는 전 세계적으로 위협을 받고 있습니다. 세계화의 과정 속에 거대한 식량 시장이 형성되면서 작년부터 농산물 값이 폭등하고 많은 나라에서 시위가 끊이지 않고 있습니다. 지난 4월 월드 뱅크의 로버트 죌릭 회장은 33개국이 식량 값의 상승으로 인하여 사회적 불안 위험에 처해 있다고 경고하면서 식량이 가계소비의 1/2내지 3/4을 차지하는 국가들은 스스로 생존할 여력이 없다고 말했습니다. 우리나라가 이 거대한 식량 파동에서 비켜갈 수 있는 것은, 그나마 지난 우루과이 라운드에서 우리의 주식인 쌀 개방을 유예 받아 아직 자급력이 높기 때문입니다.

다른 한편으로 선진국에서는 식품의 안전 문제로 인하여 먹을거리가 위협을 받고 있습니다. 이미 유럽은 오래 전부터 광우병 파동이 끊임없이 일어났습니다. 우리 가족이 1993년부터 10년 간 독일에 살았는데, 돌이켜 보니 거의 2년 정도 간격으로 광우병 파동에 시달렸던 것 같습니다.

주 발생지는 영국이었기에 광우병이 발생하면 영국산 쇠고기는 즉시 수입 금지 되고 정육점마다 '독일산 쇠고기니 안심하세요.' 라는 글귀가 부착되었습니다. 그래도 몇 달 간 대부분의 사람들은 쇠고기를 먹을 생각을 감히 하지 못했습니다. 시간이 점점 흘러가서 사실 무슨 뾰족한 해결책이나 약이 나온 것도 아닌데 언론에서 좀 잠잠해지고, 더 이상 고기를 먹지 않고는 못 살겠다는 생각이 들면 사람들은 다시 쇠고기를 찾았습니다. 전 세계적으로 광우병뿐 아니라, 돼지의 구제역, 조류독감, 살모넬라균 등 여러 바이러스와 질병들로 인해서 우리의 식탁은 많은 위협을 받고 있습니다.

이처럼 음식의 안전성에 대한 위기의식이 보편화된 상황에서 정부는 다른 무엇보다도 국민들의 먹을거리 문제를 중요하게 다루어야 합니다. 먼 미래, 경제 성장으로 인한 국민 소득 3만 불 시대라고 하는 장밋빛 꿈보다도, 당장 나와 나의 자녀들이 매일 먹어야 하는 음식의 안정성이 피부에 더 깊이 와 닿는 이야기이기 때문입니다. 그런 점에서 이번 정부의 미국산 쇠고기 수입 협상은 큰 실정 중의 하나라고 말할 수 있겠습니다.

다른 사람들의 말이 아닌, 대통령이 발표한 담화문의 내용을 보니, 정부는 미국과 추가적인 협의를 거쳐 국민 건강을 위협하는 상황이 발생하면 그 즉시 수입을 중단하겠다는 주권적 조치를 명문화하였습니다. 사실 이러한 내용들은 처음부터 반드시 다루어졌어야 할 사항들입니다. 만일 이러한 사항이 처음 협상할 때부터 취해졌다면 이처럼 거센 국민적인 저항을 받지는 않았을 것입니다.

그러나 정부는 미국의 눈치를 보면서 FTA 성사에 매달리느라 이런 것들을 제대로 보지 못했습니다. 말과는 달리 국민의 건강을 우선하지 못했던 것입니다. 그리고 국민의 분노에 뒤늦게 이런저런 것들을 추가로 협의했다고 하니 결국은 스스로 불신을 자초한 셈입니다.

앞으로 먹을거리 문제는 한 나라만의 문제가 될 수 없습니다. 지구촌의 대부분의 나라들이 자기 나라에서 생산되는 것만을 먹지 않기 때문입니다. 지구 저편에서 만들어지고 쏟아져 들어오는 먹을거리를 대해야 하는 국민들은 더욱 자신들의 건강과 안전의 문제를 정부에게 의탁하지 않을 수 없는 형편입니다.

적어도 시장에 나오는 먹을거리만큼은 온 국민이 누구나 안심하고 먹을 수 있도록 보호해야 할 의무가 바로 정부에게 있습니다. 정부는 이제 이 부분에서 잃어버린 신뢰를 반드시 회복해야만 합니다. 대통령은 담화문에서 국민의 건강을 그 어떤 것과도 바꿀 수 없다고 분명히 천명했습니다.

그렇다면 이제 더 이상 문제를 덮거나 미국의 눈치를 보려고 하기보다는, 말 그대로 국민의 건강을 최우선으로 삼고 바르게 매듭을 지어야 할 것입니다. 경제나 외교보다, 또 정치나 이념보다도 국민 한 사람 한 사람의 건강과 안전을 우선하는 것이, 하나님을 경외하는 국가 지도자가 취해야 할 바른 자세일 것이라고 생각합니다.

언론 정책의 방향

시사칼럼 (2009-01)

오늘날 우리들의 사회에서 언론의 역할과 영향력은 제4부라 불릴 만큼 아주 커져 있습니다. 그러다 보니 권력의 생리는 언제나 언론을 자기에게 유리하게 이용하려하기 마련이고, 그것을 위해 때로는 사실을 호도하거나 진실을 은폐하는 일도 마다하지 않습니다. 그 권력이란 정부만이 아닙니다. 언론사주일 수도 있고 노조일 수도 있습니다.

이것은 민주주의가 아직 정착되지 않은 제3세계에서만 일어나는 일이 아닙니다. 과거 미국의 대통령 선거에서 낙선한 엘 고어 전 부통령이 최근 저술한 '이성의 위기'라고 하는 책은 거짓말로 국민과 세계를 오도한 부시 행정부의 만행을 고발하는 것으로 시작합니다. 2003년 3월 부시 대통령이 이라크 침공을 명령했을 때, 미국인 열 명 중 일곱 명은 사담 후세인이 9·11 테러를 사주했다는 부시 행정부의 거짓말을 그대로 믿었다는 것입니다. 그리고 이라크에 가공할 만한 화학무기가 저장되어 있다고 하는 말도 의심치 않음으로 다수가 전쟁의 당위성에 공감했습니다. 그러나 이것은 모두 거짓이었음이 드러났고, 부시 대통령 역시 퇴임을 앞두고는 이라크의 대량 살상 무기 개발 의혹을 부풀렸던 정보 오류를 집권 중 최대의 실책이었다고 인정했습니다.

고어는 당시 미국 사회가 바른 판단력과 이성을 잃고 열광했던 원인을, 권력과 돈으로 텔레비전을 장악한 기득권층이 일방향 매체인 텔레비전의 특성을 이용해 이성과 토론을 건너뛰는 방법으로 여론을 조작했기 때문이라고 지적했습니다. 고어가 말한바 권력과 돈으로 텔레비전을 장악한 대표적인 그룹 중의 하나가 바로 미국 호주 영국에서 강력한 영향력을 행사하는 루퍼드 머독의 언론 그룹이었습니다.

머독 이외에도 서구에서는 갑부들과 재벌들이 그들의 자본으로 유력한 미디어를 흡수하면서 미디어의 황제들이 되었고 이들은 정치에까지 엄청난 영향력을 끼치고 있습니다. 호주의 땅 부자이면서 유수의 방송국과 언론 그룹을 소유했던 케리 패커는 정부에 수시로 압력을 가했고, 독일 일간지의 23%를 차지하고 있는 슈프링어 역시 여론조사를 이용해서 지난 총선에 영향력을 행사했습니다. 이탈리아의 베를루스코니는 돈과 미디어와 정치권력의 완벽한 결합을 이룬 대표적인 사람인데, 민영 TV를 여러 개 소유하면서 두 번이나 총리직을 맡아 나라의 법을 자신의 사업에 유리하게 재정비한 사람입니다.

최근 우리 국회에서 대기업이 언론에 진출할 수 있는 길을 열어주는 미디어 개정법을 놓고 여야가 크게 격돌하였습니다. 여당은 이 개정법의 가장 큰 목적으로 거대 자본을 통한 미디어의 세계 경쟁력 강화와 경제적

이익을 강조하고 있습니다. 물론 그 이면에는 지난 광우병 파동이 일부 TV의 공정성을 결여한 선정적인 보도에 좌우되었다는 사실에서 자신의 정치성향과 비슷한 신문사나 기업들로 언론 매체를 소유하게 하려는 정치적인 의도가 있을지도 모릅니다.

그러나 여우를 피하려다가 호랑이를 만난다는 속담처럼 어떤 정치적인 의도나 경제적인 이익만을 앞세우다가는 그것보다 훨씬 더 중요하며 언론의 생명이라 할 수 있는 공정성과 객관성을 오히려 잃을 수도 있음을 생각해야 합니다. 오랜 세월 언론의 중립성과 독립성을 위해서 싸워온 서구의 언론들이 오늘날 미디어 재벌들에 의해서 위협받고 있는 현실을 주시할 필요가 있습니다.

우리 주님은 빛이요 진리이시기에 그에게는 어둠과 거짓이 조금도 용납되지 않습니다. 사실 왜곡과 의도된 거짓은 하나님이 기뻐하시는 바가 아닙니다. 그런 점에서 방송이나 신문이 객관적이고 공정한 보도를 할 수 있고, 또 할 줄 아는 사회가 하나님이 원하시는 건강한 사회입니다. 그리스도인들은 우리나라의 방송과 신문 등이 보다 성숙한 자리로 나아가고 이를 위한 바른 언론 정책이 세워지도록 끊임없이 주목하고 감시해야 합니다.

공영방송의 독립

시사칼럼 (2009-12)

오늘날 정보화 시대에 언론의 사회적 역할은 그 중요성을 아무리 강조해도 지나치지 않을 것입니다. 물론 신문도 중요하지만, 듣고 보는 AV 시대에 TV는 가장 영향력을 끼치는 전달매체로 자리 잡았습니다. 우리 국민의 하루 평균 TV 시청 시간은 1992년에 1시간 37분에서 2005년에는 2시간 43분으로 40%가 증가되었습니다. 사람들은 매일 3시간 가까이 TV 앞에 앉아 다양한 정보를 얻고 문화생활을 즐기면서 영향을 받고 있는 것입니다.

이처럼 사회적으로 막강한 영향력을 갖는 만큼 TV 방송은 그 어떤 기관보다도 사회적인 책임과 윤리성을 지켜가야 합니다. 그러나 상업 방송들은 광고에 의존하여 운영함으로 시청률을 중요시하고 시청자들의 요구에 민감할 수밖에 없습니다. 그러다 보니 자연 사람들의 욕구를 만족시켜

주는 선정적이고, 자극적인 프로그램을 늘려가게 되고 이를 통해 사회 문화를 왜곡된 방향으로 끌고 가게 됩니다. 나아가 방송 사주나 미디어 재벌들에 좌우되어 독립성을 잃고 여론을 호도하는 등의 문제점을 안고 있습니다.

그러므로 우리나라를 비롯한 영국이나 프랑스 독일 등 유럽의 많은 나라들은 국민의 수신료로 운영되는 공영방송을 두고 있습니다. 공영방송은 시청률에 상관없이 교양 있고 무게와 수준 있는 작품을 만들어가고, 시청자들에 끌려가는 것이 아니라, 사회 문화를 건강한 방향으로 이끌어가는 역할을 합니다. 이를 위해 수신료를 통해서 상업 방송에 뒤지지 않는 경제적인 뒷받침이 충분히 되어야 합니다.

특별히 공영방송은 정치적인 부분에서 믿고 신뢰할 수 있는 언론 매체가 되는 것이 중요합니다. 정치적인 편향성이 분명하여 선정적인 보도에 익숙한 우리의 언론 문화 속에서, 정치적인 이해관계에 좌우되지 않고 사실을 바르게 보도하여 국민의 신뢰를 얻는 공정한 언론 매체의 역할이 얼마나 중요한지 모릅니다. 이것은 비단 국민들에게 뿐 아니라, 통치자와 정치인들에게도 꼭 필요한 것입니다. 그들 역시 자신들의 통치와 정책에 대한 건강하고 균형 잡힌 비판을 들을 수 있어야 합니다. 이를 위해서 공영방송은 무엇보다도 정치와 권력으로부터 독립되어야 합니다.

그러나 짧은 시야를 가진 권력자들은 공영방송을 정권의 나팔수로 만들고 싶어 하는데 문제가 있습니다. 자신을 지지하고 대변하여 자신의 뜻이 국민들 속에 스며들고, 그래서 여론을 자신에게 유리하게 끌고 가는 도구로 만들고 싶어 하는 것입니다.

우리나라의 역대 대통령들은 다 이러한 유혹에서 벗어나지 못했습니다. 지난 번 노 대통령도 자신의 언론 고문을 맡았던 사람을 KBS 사장의 자리에 앉히려고 했다가 많은 반대에 부딪혀 포기했습니다. 당시 보수 매체인 조선일보는 "대통령의 사람이 KBS 사장으로 들어오게 되면 방송의 독립성과 정치적 중립성은 기대하기 어렵다."면서 "KBS는 국가 기간 방송이고 국민이 주인이어야 한다. 이번처럼 권력이 직접적으로 사장 인선에 개입하면 정권의 도구로 이용하려 한다는 비판을 면치 못할 것이다."라고 강한 어조로 비판했습니다.

그런데 아이러니하게도 이번에 임명된 KBS 사장 역시 대선 때에 이 대통령 선거 캠프의 방송 전략 실장을 맡았고 인수위 시절에도 언론 보좌역을 지낸 대표적인 대통령의 사람이었습니다. 그래서 과거 보수 언론이 했던 비판과 우려는 이번 정권에서도 진보적인 매체들에 의해서 고스란히 반복되고 있습니다. 이처럼 KBS의 경영 책임자가 매번 권력자의 뜻을 충실히 대변할 사람으로 채워진다면 국민들 속에 독립적인 공영방송으로서의 신뢰를 얻는 것은 요원할 것이고, 그것은 결국 사회통합적인 정치를 어렵게 만들 것입니다.

진정 공의로운 사회를 세우려고 하는 통치자는 하나님과 사람들 앞에 정직한 말을 하고 정직한 정보를 주고 정직한 말에 귀를 기울이려고 해야 합니다. 성경 잠언 29장 12절에 이런 말씀이 있다. "통치자가 거짓말에 귀가 솔깃하면 그 밑에서 일하는 사람들도 악하기 마련이다." 우리나라의 공영방송이 국민의 신뢰와 사랑을 받는 언론 매체로 자리 잡는 날이 속히 오기를 기대합니다.

양대 선거를 앞둔 그리스도인의 정치적 책임

CTS (2012-03)

우리나라는 금년 4월과 12월에 국회의원과 대통령을 선출하는 선거를 치르게 됩니다. 인사가 만사라는 말이 있듯이 어느 곳에서나 사람을 세우는 일보다 중요한 것은 없을 것입니다. 더구나 나라의 법을 세우는 국회의원들과 나라를 대표하여 다스릴 대통령을 세우는 일보다 더 큰 대사가 어디에 있겠습니까?

이들이 앞으로 4년 또는 5년간 한국의 정치를 좌우하게 될 것입니다. 세계는 지금 미국의 금융위기와 유럽 여러 나라들의 국가부도의 위기 속에서 예측불가한 경제위기를 맞이하고 있습니다. 이 상황을 잘 해쳐나갈 역량있는 지도자가 필요합니다. 아울러 이번 정부에서 더욱 심화된 이념 갈등과 경색된 남북관계를 잘 풀어갈 지혜로운 지도자가 요구됩니다. 언제 어떻게 찾아올지 모를 남북통일을 잘 대비할 비전 있는 지도자가 선출

되어야 합니다. 이 시대적인 상황에서 이번 선거를 생각할 때에, 국민 한 사람 한 사람 모두가 신중하고 책임감 있게 이 일을 대하지 않을 수 없을 것입니다.

교인들 역시 이 선거를 맞이하면서 한편으로 국민의 일원으로서 국가지도자를 세우는 중차대한 일에 관심을 갖고 적극적으로 참여해야 합니다. 그러나 다른 한편으로 교회는 정치라는 것에 휘둘리거나 오염되는 것을 또한 경계해야 합니다. 이 두 가지 면에서 균형을 갖는 것이 참 중요하다고 생각합니다.

먼저 우리 각자가 정치적인 책임의식을 갖고 적극적으로 참여해야 합니다. 국가는 하나님으로부터 온 것이요, 그 권력자들은 모두 하나님의 사역자들입니다.(롬13:1-4) 비록 우리의 손으로 선출한다고 하지만, 국가의 권력이라고 하는 것은 하나님의 통치와 주권 아래 있다는 것입니다. 그러므로 우리는 무엇보다도 하나님께 그의 종으로서 합당한 자들을 세워주시기를 간절히 기도해야 합니다.

우리가 살고 있는 이 시대는 성경이 기록된 당시와 달리 국민주권시대입니다. 그러므로 우리는 통치자들을 직접 선출할 권리를 행사하고 있습니다. 다른 의미로 보면 우리는 고대사회보다 사회를 바르게 세우는데 있어서 훨씬 더 많은 책임과 의무를 갖고 있는 것입니다.

이를 위해서 진중한 투표참여가 필요합니다. 단순히 학연이나 지연을 따라 선출하는 것은 무책임한 일입니다. 특별히 '우리 지역은 무조건 이 정당이다' 라고 하면서 묻지마 투표를 하는 것은 지역주의를 부추기고 정치발전을 저해하는 무책임한 행위입니다. 후보가 기독교인이라고 무조건 찍으려고 해서도 안 됩니다. 정당의 정책이나 입후보자들에 대해서 관심을 기울이고, 하나님이 가르치는 공의와 청렴함 그리고 기독교적인 가치에 보다 합당한 사람을 선별해야 합니다.

동시에 우리는 교회의 정치화를 경계해야 합니다. 교회공동체 안에는 다양한 정치적인 생각을 가진 사람들이 공존합니다. 신앙이 같아도 정치적인 선호도는 얼마든지 다를 수 있습니다.

그러므로 교회지도자들은 공적인 자리에서 특정정당이나 후보를 지지하는 언행을 해서는 안 됩니다. 그것은 선거법 저촉여부를 떠나서 교회를 정치화시키는 우를 범할 수 있습니다. 기독교적인 성격을 표방하여 목회자나 교인들을 모이게 하고는 특정 정당의 후보를 소개시키는 등의 얄팍한 행위는 정당하지 못한 것입니다. 아울러 교회를 찾아오는 후보자들을 교인들 앞에 인사시키는 것도 바람직하지 않습니다. 이것은 교인들에게 오해를 불러일으킬 소지가 많습니다.

결론으로 우리는 우리가 몸담은 국가라는 시민공동체가 보다 말씀에 합당한 모습을 가질 수 있도록 함께 책임감을 갖고 노력해야 하며 이를 위해 올바른 지도자를 진중하게 선별하여 투표해야 합니다. 그리고 다른 한편으로 주님의 몸 된 거룩한 교회공동체가 정치적인 도구로 전락하지 않고 정치화되지 않도록 분명한 의지와 지혜를 갖고 대처해야 할 것입니다.

국제사회에서의 책임의식

시사칼럼 (2009-11)

우리나라는 과거 아주 미약한 약소국이었습니다. 1945년 오랜 식민지에서 해방되었고 재건의 여유도 없이 6·25가 일어나 온 국토가 피폐되면서 우리는 외국의 도움이 없이는 살 수 없는 지구상에서 가장 가난한 나라로 전락하였습니다. 1945년부터 1990년대 후반까지 우리가 받은 해외 원조는 127억 달러, 현재 가치로는 약 70조원에 달하는 어마어마한 돈입니다.

그리고 불과 반세기를 넘기면서 우리는 OECD(경제협력개발기구)와 아울러 선진국과 신흥국으로 구성된 G20에도 가입하는 등 13위권의 경제 강국으로 발돋움하게 된 것입니다. 가난하고 못살아 남의 도움을 받으며 살아갈 때는 어느 누구도 책임을 묻거나 지우려고 하지 않습니다. 그러나 경제 규모가 커진 만큼 이제 세계는 우리가 국제 사회에서 그에 걸맞은 책임과 의무를 짊어지기를 요구하고 있습니다. 더구나 우리의 놀라운 성장의 밑바닥에 외국에서 오는 원조가 있었던 만큼, 이제 그 빚을 갚으려고 하는 채무 의식을 갖는 것은 지극히 당연하고 건강한 것입니다.

그러므로 이번 26일에 우리나라가 OECD내의 DAC(개발원조위원회)의 24번째 회원국으로 가입하게 된 것은 주목할 만한 일입니다. 이제 우리는 우리보다 훨씬 가난한 나라들을 돕는 일에 본격적으로 동참함으로 국제사회에서 책임의식을 갖는 나라로 한 단계 올라서게 되는 것입니다.

아울러 또 하나 주목할 만한 것은 최근 정부가 2020년까지 국가 온실가스(CO_2)를 2005년 대비 4% 감축하고 2020년 배출 전망치보다는 30%를 감축한다는 목표를 확정한 것입니다. 현재 이산화탄소 배출량이 세계 9위에 이르고 있음을 감안할 때에 부족한 감이 없지 않으나, 미국과 중국 등 많은 나라들이 서로 책임을 미루는 상황에서 개도국에 요구된 최고 수준의 목표를 이처럼 자발적으로 제시한 것은 퍽 의미 있는 일이라 하겠습니다. 이는 우리나라가 세계의 환경 문제에 책임 있는 국가로 동참하겠다는 뜻을 보여준 증거입니다.

정치인들이나, 언론들은 이러한 결정들로 인해 간접적으로 얻게 될 경제적인 이익, 국격의 변화 등을 말하지만, 그보다 더 중요한 것은 우리 국민 스스로가 국제 사회 속에서 보다 높은 책임 의식을 가지는 계기가 될 것이라는 사실입니다.

물론 책임은 낭만적인 것이 아니고, 많은 희생을 요구하는 부담스러운 것입니다. 가난한 나라에 대한 원조를 늘릴 경우, 우리 국민 개개인에게 돌아가는 혜택이 줄어들 수 있습니다. 이산화탄소를 감축하는 과정에서 산업계가 어려움을 겪을 수 있고, 국민들에게 각종 환경세가 부여될 수도 있습니다. 정부가 이러한 부담을 줄이는 방법을 다각도로 강구하는 것도 중요하지만, 보다 중요한 것은 국민들이 그 부담을 끌어안을 수 있는 사고의 전환을 갖는 것입니다. 그것은 나 중심적인 눈에서 너를 바라보는 눈으로, 우리 민족 중심적인 눈에서 세계 공동체를 바라볼 수 있는 눈으로 안목과 사고의 지평을 넓히는 것입니다. 그럴 때 우리는 비로소 책임을 함께 지려고 하는 적극적인 마음을 갖게 될 것입니다.

오늘날 책임은 특별히 기독교 윤리의 가장 중요한 핵심 가치입니다. 덴마크의 신학자 뢰그스트룹은 "19세기 신학자들은 '의무'를 복음적 윤리의 중요한 요소로 이해했지만, 20세기 신학자들은 '책임'을 가장 중요한 핵심 개념으로 이해하고 있다."고 말했습니다. 물론 그 책임은 수혜를 받는 사람을 위한 책임입니다. 그러나 이전에 그 책임을 부여한 자에 대한 책임이 먼저입니다. 루터는 이런 예를 들어 설명했습니다. "부모와 아이의 관계에서 부모는 아이를 위한 책임을 하나님으로부터 부여받았다. 그러므로 그 책임은 아이를 위한 것이기 이전에 먼저 하나님 앞에서이다."

가난한 나라를 원조하고 환경을 지켜나감에 사람들은 먼저 수혜자를 위한 책임을 말할 것입니다. 그러나 그보다 더 중요한 것은 가난한 자와 자연을 돌보는 것을 우리의 의무로 명하신 하나님 앞에서의 책임입니다. 이 '하나님 앞에서'의 책임, 그리고 '세계 공동체를 위한' 책임을 갖고 우리 그리스도인들은 국가가 이러한 정책들을 실천하면서 국민들에게 요청하는 부담과 희생에 대해 "예"라고 말하면서 기꺼이 동참하여야 할 것입니다.

금융 위기가 주는 교훈

시사칼럼 (2008-11)

　미국 발 금융 위기로 인하여 온 세계가 갑자기 불안정한 모습으로 바뀌게 되었습니다. 국가 부도의 위기를 만나서 IMF에 구제 금융을 신청하는 나라들이 늘게 된 것입니다. 이 위기를 막기 위해서 미국과 유럽이 천문학적인 숫자의 구제 금융을 공포했지만, 문제가 해결된 것이 아닙니다. 이것은 중병에 걸린 환자가 심장마비를 일으킨 것을 전기 충격으로 살려 놓아 죽을 고비를 넘기게 했을 뿐, 회복의 문제는 또 다른 이야기라는 상황과도 같습니다. 이제 전 세계적으로 장기적인 불황이 예고되고 있습니다.

　이런 금융 위기를 그저 간략히 요약한다면 돈벌이에 혈안이 되어 복잡한 금융 상품을 불투명하게 만든 뒤 세계 각지에 뿌려 놓은 미국의 거대 은행들과 이런 것들을 절대 안전하다고 선전하면서 사람들을 부추겨 가

입시키고 중간이득을 취한 각국의 금융 기관들 그리고 재산 증식 욕심에 이런 것들을 생각 없이 덜컥 물은 투자자들이 빚은 종합 작품이라는 말입니다.

한 마디로 말하자면, 별로 동정해 줄만한 기관들은 아니지만, 이 금융 위기를 막지 않으면 성실하게 땀 흘리며 살아가던 시민들이나 기업가들에게 치명적인 손실을 입힐 수 있기에, 결국 국민의 혈세를 쏟아 부어서 응급조치를 하는 것입니다.

당분간 우리 모두는 경기 침체로 인하여 경제적인 시련의 시간을 맞이해야 할 것 같습니다. 우리나라는 지금까지 수많은 시련과 어려움을 겪어 왔기에, 이 모든 위기도 슬기롭게 잘 헤쳐 나갈 것입니다. 그러나 이러한 사건이나 시련의 과정을 통해서 우리가 꼭 생각하고 살펴볼 것, 교훈으로 삼아야 할 것이 없는지 돌아볼 필요가 있습니다.

우리나라에서는 1970년대 경제개발을 타고 부동산 투기 붐이 전국적으로 일어났습니다. 그 다음으로 주식 붐이 일면서 주식에 손을 대는 사람들이 많더니 근간에는 펀드 붐이 강하게 일어났습니다. 펀드는 부동산이나 주식보다도 훨씬 광범위하게 사람들을 끌어들여 가입계좌만도 2,400만 개가 넘는 등 우리나라가 가히 '펀드 공화국'으로 불릴 만큼 보편화되었습니다.

그런데 부동산, 주식이나 펀드의 공통점은 투기적인 속성이 강하다는 것입니다. 펀드를 권유하는 금융 기관의 광고도 그렇고, 여기에 돈을 투자하는 사람들 역시 장기적인 투자보다는 단기 차익을 통해서 재산을 증식해 보려는 심산에서였습니다.

투기의 세계에서는 당연히 돈이 우상이 됩니다. 수단과 방법을 가리지 않고 투기를 하여 돈을 잘 벌고 재산을 증식한 사람들이 바로 부러움의 대상이 됩니다. 이렇게 투기적인 성향에 물든 사회에서는, 땀 흘리고 노력하여 번 돈을 절약해서 저축을 통해 재산을 늘려보겠다는 건전한 생각은 도리어 어리석고 미련한 것으로 치부되어 버리고 맙니다. 일확천금에 사로잡힌 사람들이 떼돈을 벌었다는 무용담을 여기저기서 늘어놓고, 그것을 듣고는 부러워하거나 좌절감에 사로잡히는 사회에서 어떻게 노동의 즐거움과 가치가 유지될 수 있겠습니까? 이런 사회는 결코 건강한 사회가 아닙니다.

오늘의 글로벌한 금융 위기는 지금까지 당연하고 지혜로운 처사로 여겨진 투기 같은 행위에 하나님께서 철퇴를 가한 것입니다. 돈 넣고 돈 따먹는데 혈안이 되어 진정한 땀의 가치를 망각한 사회에 주시는 하나님의 책망입니다.

특별히 돈을 사랑함이 일만 악의 뿌리가 된다고 하는 성경의 분명한 가르침에도 불구하고 이런 세상의 흐름에 동조하면서 휩쓸러 갔던 많은 교인들에 대한 하나님의 메시지이며, 은근히 배금사상에 물들어버린 한국 교회에 대한 하나님의 경고입니다.

이제 이 시대적인 경고를 귀담아 잘 듣고 다시 복음의 자리로 돌아와서 하나님나라와 영원한 유산에 소망을 두며, 세상에서 주어진 물질에 만족하고, 선한 사업에 부하여 돈을 바르게 다루는 그리스도의 제자다운 삶을 회복해야 할 것입니다.

빚을 두려워하는 삶

시사칼럼 (2009-04)

최근 미국의 월스트리트 저널은 미국의 지칠 줄 모르던 소비가 크게 떨어지고 저축이 늘어나면서 수입이 감소하였다는 사실을 보도하였습니다. 미국에 수출을 많이 하던 국가의 입장으로 보면 염려스러울 수도 있지만, 이 신문은 오히려 이것을 통해 "부채에 기반을 둔 미국인들의 소비에 의존해 온 세계 경제의 불균형이 회복될 수 있다."고 긍정적인 해석을 내렸습니다. 사실 미국은 만성적인 무역적자국으로 수십 년 간 부채 경제가 계속되었고, 국가뿐 아니라, 국민들 역시 부채를 두려워하지 않아 거품 경제를 키우는데 큰 역할을 하였습니다.

90년대 초 미국에서 오래 살아온 사람과 만난 적이 있습니다. 미국을 화제로 대화하던 중에 그는 나에게 대여섯 장의 신용카드가 꽂혀 있는 자신의 지갑을 보여 주면서 이것이 미국 사회의 실상이라고 말했습니다. 많은 미국인들이 이렇게 여러 장의 신용카드를 갖고 과도하게 소비하면서 카드빚을 지고 있고, 그러다가 자기도 모르는 사이에 신용불량자가 되는 일들이 종종 일어난다는 것이었습니다. 당시 신용카드는 하나면 충분하다고 생각하던 우리들에게는 참 이해되지 않는 일이었습니다.

그러나 얼마 지나지 않아서 그러한 미국의 소비문화는 우리나라를 물들이고 말았습니다. 신용카드사들이 우후죽순처럼 생겨나고 신용카드를 여러 개 갖는 것이 유행처럼 번졌으며, 카드빚도 늘어나서 급기야는 2003년 신용카드 사태가 일어났고, 경제 활동 인구 6명 중 1명이 신용불량자로 전락하는 신용불량대국이 되고 말았습니다. 당시 LA 타임스는 평범한 한국의 근로자들이 신용카드를 무려 최다 25장까지 발급 받아 이것을 통하여 수십만 달러의 현금 인출에 사용할 수 있을 정도였다며 무분별한 카드 발급과 남용 실태를 꼬집기도 했습니다.

이 신용카드사태가 일어나는 그 해 초까지 나는 독일에서 살면서 정반대의 경험을 했습니다. 독일은 우리보다 경제 규모가 큰 선진국임에도 불구하고 신용카드가 보편화되지 못했었습니다. 버젓한 직장이 있음에도 불구하고 신용카드를 가지지 않는 사람들도 많았고, 더 놀라운 사실은 도심의 수많은 대형마트나 상가에서 신용카드를 아예 받지도 않았으며 대신 직불카드만 쓸 수 있다는 점이었습니다. 뭔가 좀 시대에 뒤떨어진 불편한 나라라는 생각도 들었지만, 다른 한편으로 보면 빚을 내어 소비하는 것을 꺼리는 건전한 소비 풍토가 시민들 속에 깊이 뿌리박혀 있음을 보여주기에 충분했습니다.

이번 세기적인 경제 위기에 예외인 나라는 한 나라도 없으며 독일 역시 수출에 많이 의존하기에 커다란 타격을 받고 마이너스 성장을 예고하고 있습니다. 그러나 그런 가운데서도 경제 전문가들에 의하면 미국이나 영국에 비해서 독일이 경제 위기에 유리하다고 보는 것은 모기지 연체 비율과 가계 부채가 별로 높지 않기 때문이라는 사실입니다. 다시 말해서 가계 경제가 다른 나라에 비해서 탄탄하다는 것입니다.

반면 신용카드 대란 이후에도 우리의 소비 성향은 크게 달라지지 않아 매년 GDP 대비 가계 부채 율이 10% 이상 늘어나 OECD 평균을 훨씬 상회하면서 현재 가구당 4천만 원의 부채를 안고 있는 실정입니다. 이런 부실한 가계 경제는 부실한 국가 경제로 이어질 수밖에 없습니다.

성경은 피차 사랑의 빚 외는 아무 빚도 지지 말라고 명하고 있습니다. 이 말씀을 따라 우리 그리스도인들이 누구보다도 먼저 빚지는 것을 두려워하면서, 하나님이 허락하신 삶의 분수 안에서 자족하며 근신하여 살아감으로 건전한 사회를 만드는 좋은 밑거름이 되어야 할 것입니다.

8. 평화와 화해

- 평화로 가는 길(1)
- 평화로 가는 길(2)
- 성탄절에 울리는 평화의 소리
- 이스라엘의 가자침공
- 히로시마와 나가사키
- 오바마의 노벨평화상 수상
- 양심적 병역 거부
- 첫 일본 방문기
- 독도 문제를 바라보며
- 세상에서 가장 아름다운 용기

평화로 가는 길(1)

한국기독신문 (2018-04)

예수님은 마지막 예루살렘을 입성하신 뒤 성을 바라보시고 우시며 이렇게 말씀하셨습니다. "너도 오늘 평화에 관한 일을 알았더라면 좋을 뻔하였거니와 지금 네 눈에 숨겨졌도다" (눅 19:42) 평화로 가는 길이 있는데, 사람들이 그것을 보지 못함을 한탄하시는 것입니다. 그리고 결국 훗날 예루살렘에서 일어나게 될 전쟁과 파멸의 모습을 알려주십니다.

평화로 가는 길이 있지만, 쉬운 길이 아닙니다. 갈등과 분쟁이 일어난 곳에서 사람들은 대체로 전쟁의 길을 따라가기 쉽습니다. 그들 속에 뿌리 깊이 형성된 다양한 증오감정은 미리감치 화해와 평화를 불가능하다고 생각하고, 자기 옳다는 바대로 밀고 나가면서 결국은 전쟁을 택하게 됩니다.

"바람과 함께 사라지다"라는 영화에서 남부사람들이 전쟁하자고 결정하면서 열광하는 장면이 참 인상적입니다. 너도 나도 군대에 자원해서 전쟁터로 나가는 것이 마치 싸우고 싶어서 견딜 수 없는 사람들의 모습입니다. 그러나 얼마 못가서 전쟁의 비참함은 그들의 모든 것을 잃게 만들었습니다. 인류는 전쟁의 비참함을 겪기 전까지는 평화의 길을 보려고 하지 않습니다. 상대방은 대화할 가치조차 없다는 선입견에 사로잡히고, 평화는 양보하고 지는 것이라고 생각합니다.

목회의 세계에도 아주 작은 전쟁들은 항상 있습니다. 사람이 모인 곳이다 보니 교우 개개인간의 갈등, 또 그룹간의 갈등이 없을 수 없습니다. 단순한 갈등에서 더 나아가 서로 원수처럼 되어버린 관계도 있습니다. 자신들의 관점에서 보면 옳고 그름이 분명한 것 같지만, 조금만 뒤로 물러나서 보면 누가 옳고 그른가가 두부 자르듯이 쉽고 선명한 것이 아닙니다. 그러기에 우리는 용서를 말하고 화해를 말합니다. 개개인 사이에도 평화가 쉽지 않은데, 국가 간에는 어떠하겠습니까?

지금 세계에서 가장 평화를 필요로 하는 곳은 중동과 한반도일 것입니다. 이스라엘도 모두 4차례의 중동전쟁 후에 평화를 갈망하는 자들이 많아졌고, 그래서 1993년 라빈총리와 아라파트 PLO의장이 노르웨이 오슬로에서 만나 평화협정에 서명하였고, 그 다음해 둘은 노벨평화상을 받았습니다. 그러나 악마 같은 테러단체와 어찌 타협하느냐면서 이 협상을 반대하던 이스라엘 우파에 의해 라빈이 암살당하고 팔레스틴의 과격단체 하마스도 테러 공격을 가하면서, 오슬로협정은 휴지조각처럼 되고, 그곳은 다시 평화를 잃어버린 세상이 되고 말았습니다.

6.25전쟁과 오랜 이념대립으로 불신이 극에 달한 한반도 역시 쉽지 않습니다. 그러나 지금 한반도에 봄이 왔습니다. 어떤 연유인지는 정확히

모르지만, 핵무기 개발에 열을 올리면서 세계의 위협이 되었던 북한이 남한과 미국과 세계에 손을 벌리고 있습니다. 그것이 위장전술일지 아니면 진짜 경제제재와 트럼프의 전쟁위협을 심각하게 느끼면서 진정성을 갖고 나오는 것인지 우리는 알 수 없습니다. 그러나 우리는 이 기회를 진정 한반도 평화의 기회로 삼아야 합니다. 완전 비핵화를 이루고, 남과 북이 적대관계에서 벗어나 분단을 평화적으로 관리하면서 신뢰의 기반을 닦고 동서독처럼 만남과 교류를 늘리는 가운데 먼 미래에 평화통일의 길로 나가야 합니다.

여기에 무조건 반대하면서 대화의 길로 나아가려는 노력에 대해 끊임없이 종북타령만 하는 것은 올바른 것이 아닙니다. 북한과 어떠한 대화도 관계도 거절하려는 것의 속내는 전쟁만이 답이라고 생각하는 것입니다. 어찌 그것이 평화의 왕으로 오신 예수 그리스도를 믿는 사람의 올바른 자세라고 할 수 있겠습니까? 우리는 인간의 역사를 주관하시는 주님께 남북, 북미 정상회담이 성공적으로 이루어져 한반도의 완전비핵화와 평화정착이 이루어지도록 기도해야 할 것입니다.

평화로 가는 길(2)

한국기독신문 (2018-05)

　주님의 교회는 본래 평화를 추구하는 교회였습니다. 분쟁이나 폭력 살인과 전쟁은 교회와 거리가 멀었습니다. 그럴 수밖에 없는 것이 교회는 철저히 예수 그리스도의 가르침을 좇았기 때문입니다. 주님은 산상수훈에서 하나님의 자녀들이 어떻게 세상과 구분하여 살아야 하는가를 가르치셨습니다. 눈에는 눈으로 이에는 이로 갚지 말고 악한 자를 대적하지 말라! 누가 오른뺨을 치거든 왼편도 돌려 대며 너를 고발하여 속옷을 가지고자 하는 자에게 겉옷까지 내주고, 억지로 오 리를 가게 하거든 십 리를 동행하라! 원수를 미워하지 말고 사랑하며 너희를 박해하는 자를 위하여 기도하라! 가르치셨습니다. 그리고 그 가르침을 몸소 실천하여 십자가의 길을 가셨고 또한 제자들에게도 자기를 부인하고 자기 십자가를 지고 그의 길을 뒤따라오라 명하셨습니다. 사도들과 제자들 그리고 교회는 그 명령에 순종해서 그 길을 좇아갔습니다.

악을 더 큰 악으로 응징하고 힘을 숭배하면서 그 힘의 우위로 소위 로마의 평화(Pax Romana)를 유지하려고 했던 로마의 눈에는, 교회가 걸어간 십자가의 길은 매우 비현실적이고 어리석게 보였고, 약자와 패자들의 자기 합리화로 여겨졌을 것입니다.

로마제국의 냉혹한 박해로 인해 교세가 약화되고 나아가 교회가 지상에서 사라져버릴지도 모른다는 위기감이 든다 해도, 교회는 넘어서는 안 되는 선을 넘지 않았습니다. 무력으로 저항하거나 스스로 정치세력화해서 기독교의 권익을 지키려고 하지 않았습니다. 사람을 죽여야 하는 군인은 믿는 자의 직업으로 합당하지 않다는 교부 터툴리안의 가르침을 좇아 많은 교인들이 군인 되기를 거부했습니다. 그리스도인들은 그야말로 폭력을 거부하고 평화를 지향하는 평화주의자들이었습니다.

그러나 313년 밀라노 칙령이후 사람들이 교회로 밀려들어오고, 기독교가 사회의 다수가 되면서 상황이 달라졌습니다. 국가에 대한 책임의식이 필요했고, 국가의 안위는 자연히 교회의 안위와 직결되면서 점차로 교회는 전쟁을 악을 징벌하는 수단으로 합법화하게 되었습니다. 그래서 이제 병역과 전쟁의 거부는, 국가에서 뿐 아니라, 교회 안에서도 커다란 책벌의 대상이 되었습니다.

어거스틴은 게르만 족의 침입으로 풍전등화의 위기를 맞이한 상황에서, 전쟁을 불의한 전쟁과 의로운 전쟁으로 구분하며, 이 외적과의 전쟁을 "의로운 전쟁"(bellum iustum)으로 정당화하였습니다. 물론 그는 전쟁의 당위성을 사회의 보편적인 선을 위하고 법질서가 위협을 받거나 손상을 입는 경우, 그리고 전쟁 이전보다 훨씬 더 법질서의 평화를 보장하는 경우로 엄격히 제한하였습니다.

　그러나 중세 이후 세계 역사의 중심에 서게 된 기독교는 이 '의로운 전쟁'을 남발하면서 성경이 지향하는 평화를 망각하고 말았습니다. 예루살렘 성지를 지키기 위해서라는 명분으로 일으킨 십자가전쟁으로 수많은 이슬람교도들을 학살했고, 가톨릭과 개신교의 분쟁은 마침내 30년 전쟁으로 이어져 독일 국민의 1/3이 사망하는 비극을 맞이했습니다. 그리고 1차, 2차 세계대전당시 교회는 민족주의에 경도되어 기독교문명을 지킨다는 명분을 내세우며 국가의 전쟁정책에 적극적으로 동조했습니다. 아울러 선교를 위한다는 명분으로 제국주의의 잔혹한 식민정책에 직간접적으로 간여하기도 했습니다.

　기독교는 수많은 세월을 거치면서 힘의 종교라는 DNA를 품게 되었습니다. 너무 오랫동안 전쟁의 논리에 익숙해져왔습니다. 마치 하나님을 위해서 기독교도들을 진멸해야 한다며 혈기등등 했던 유대인들과, 힘으로 세계를 지배하고자 했던 로마인들의 정신이 기독교와 뒤섞여 버린 것 같습니다. 세속화되는 사회에 대항해서 힘을 키우고, 하나님과 교회를 위해서라는 명분에서 거짓과 술수 심지어 폭력도 정당화합니다. 사회의 어떤 대상에 대한 증오감을 키우고, 도덕적인 이슈를 정치화하고, 정치이념을 종교화해서 힘의 논리로 기독교를 지키려고 합니다. 정말 그것이 기독교를 지키는 길일까요?

　비록 이 시대가 처한 상황이 초대교회와 꼭 같지 않기에 그대로 되돌아갈 수는 없지만, 우리는 예수 그리스도가 주시고 사도들에 의해 이어진 본질적인 가르침으로 돌아가야 합니다. 십자가의 길입니다. 교회의 힘은 다른 무엇이 아니라 사랑과 섬김과 자기부인과 희생에서 나오는 것입니다. 그리고 그것이야말로 기독교를 지키고 이 세상에서 진정한 화평을 이룰 수 있는 힘입니다.

성탄절에 울리는 평화의 소리

한국기독신문 (2017-12)

매년 12월은 연말이라는 의미에서 뭔가 바쁘다는 느낌을 줍니다. 한 해를 보내면서 정리해야 할 것도 많고, 새로운 해를 맞이해서 준비해야 할 것도 많은 달입니다. 다른 한편으로는 연말연시를 맞이해서 이런 저런 모임도 많고 먹고 마시고 즐기면서 사람들의 마음이 들뜨기도 합니다.

그러나 12월 하면 가장 먼저 생각나는 것은 역시 성탄절입니다. 예수를 믿는 사람이나 안 믿는 사람이나, 성탄절이야말로 일 년 중 가장 기다려지는 축일입니다. 이날 전 세계의 그리스도인들은 주님 오심을 기뻐하며 교회에 모여 찬양과 경배를 드리고 강단에서 선포되는 성탄메시지를 듣습니다.

성탄이 주는 많은 메시지 중, 이 시대에 특별히 귀 기울여야 할 것은 평화에 관한 것입니다. 선지자 이사야는 태어날 예수를 가리켜 한 아기가 우리에게서 났고, 한 아들을 우리에게 주셨는데, 그 이름은 "평화의 왕"이라고 했습니다. 또한 세상에 오시는 주님은 "민족들 사이의 분쟁을 판결하시고, 뭇 백성 사이의 갈등을 해결하실 것이니, 그들이 칼을 쳐서 보습을 만들고 창을 쳐서 낫을 만들 것이며, 나라와 나라가 칼을 들고 서로를 치지 않을 것이며, 다시는 군사훈련도 하지 않을 것이다." 라고 예언했습니다.(사 2:4) 예수님은 평화를 이루실 분으로 오신 것입니다.

지금까지 인류 역사 이래 기록된 전쟁은, 모두 1만4천600여건에 달해서 해마다 2~3건이 터질 정도로 인간은 수많은 전쟁을 겪어왔습니다. 이러한 전쟁들이 인간을 얼마나 불행하게 했습니까? 일단 그 소용돌이에 빠져든 사람들은 죽음과 파괴, 증오와 인간성 상실, 실향과 이산가족의 아픔을 겪어야 했습니다. 그리고 그 상처는 후대에까지 이어졌습니다. 20세기에 있었던 두 차례의 대량살상전쟁 모두가 평화의 왕이신 예수를 믿는 사람들 사이에서 일어났다는 것은 참으로 아이러니한 일입니다. 매년 성탄메시지의 핵심을 평화에서 찾았더라면 이런 전쟁을 피할 수 있었을지 모릅니다.

그러나 잔혹한 전쟁터의 한 가운데에서도 사람들 속에는 언제나 평화에 대한 갈망이 있기 마련입니다. 1차세계대전이 발발한 1914년의 크리스마스 휴전은 바로 그런 인간의 갈망을 보여주는 사건이었습니다. 독일과 연합군은 일진일퇴를 거듭하는 참호전으로, 무제한적인 병력소모를 벌이고 있었습니다. 그해 전쟁터에서 처음으로 맞이하는 크리스마스이브에 독일군진지에서 군인들이 "고요한 밤 거룩한 밤"을 합창했습니다. 그 소리가 영국군진지까지 울려 퍼지면서 그들도 영어로 이 찬송을 함께 불렀습니다. 한낮까지만 해도 총과 포탄소리로 진동하던 전선에는 양쪽 젊은이들의 크리스마스 찬송으로 가득 차게 되었습니다. 그 찬송들은 미움과 증오로 얼어붙고 피폐해졌던 군인들의 마음을 따뜻하게 녹여주었습니다.

크리스마스의 동이 터올 때에 한 독일군 병사가 참호 밖을 빠져나와 영국군 쪽으로 조심스럽게 걸어가기 시작했습니다. 그의 손에는 초를 단 작은 크리스마스트리가 들려있었습니다. 이를 본 순간 영국군 참호에서는 한 영국병사가 나와 그와 평화의 악수를 나누었고, 이를 바라본 양쪽 병사들이 하나 둘씩 참호에서 빠져나와 중간지대에서 만나 서로 악수를 하며 성탄 인사를 나눴습니다. 그러면서 크리스마스 휴전이 시작된 것입니다. 이들은 주변에 널려진 동료의 시신들을 땅에 묻을 수 있었고, 심지어 같이 축구를 하면서 샬롬의 시간을 즐길 수 있었습니다. 비록 짧은 휴전이 끝나고 전쟁은 다시 시작되었지만, 이후 훗날 유럽에 평화를 심어주는 감동적인 일화가 되었습니다.

세상에는 어디나 평화의 길이 있지만, 사람들은 그것을 쉽게 보지 못합니다. 후에 아주 비싼 값을 지불한 다음에야 평화의 소중함을 깨닫게 됩니다. 우리는 예수님께서 눅 19:42에 주신 말씀을 늘 가슴에 새겨야 합니다. "오늘 네가 평화의 길을 알았더라면 얼마나 좋았겠느냐! 그러나 지금 너는 그 길을 보지 못하는구나."

남과 북이 휴전선을 사이에 두고 대치하고 북한의 미사일도발과 미국의 전쟁위협발언으로 긴장감이 감도는 이 한반도에서, 평화의 길을 보고 그 길로 가려고 하는 사람들이 더욱 절실히 필요합니다. 칼을 보습으로 만들고 창이 낫이 되게 하려는 주님의 마음 -그것이 주님의 제자들이 품어야 하는 평화의 마음이 아닐까요? 갈등과 다툼이 있는 곳에 평화를 만들어

가는 그것이 그리스도인들이 해야 할 일이 아니겠습니까? 올해 성탄의 평화가 이 땅위에 임하기를 간절히 바랍니다.

이스라엘의 가자침공

시사칼럼 (2009-01)

　　지난 선거에서 승리하여 가자지구에서 집권한 하마스가 이스라엘의 국경지역을 향해서 로켓탄을 발사했습니다. 이것을 이유로 이스라엘은 지난 12월 27일 대공습을 감행하였고, 1월 4일 대대적으로 지상군을 투입하였습니다. 현재는 양쪽이 일방적으로 휴전을 선언한 상태이지만, 이번 전쟁으로 팔레스타인 사망자는 1,200명이 넘고 그것도 절반이 민간인들이며 부상자는 5천명이 넘고 있습니다. 반면에 이스라엘쪽의 사망자는 민간인 3명을 포함하여 13명에 그쳤습니다.

　　이 침공에서 이스라엘은 유엔학교와 건물, 병원, 언론시설 등을 가리지 않고 무차별로 공습하여 그야말로 전쟁이 아닌 학살에 가까운 행위를 자행했습니다. 반기문 유엔 사무총장은 이것을 수십 년간 전례가 없었던 수준의 폭력이라고 규정하면서 가장 강력한 어조로 비난했습니다. 하마스의 로켓포로부터 자국민들을 보호한다는 명분을 십분 이해하더라도 이러한 이스라엘의 태도는 그야말로 빈대 한 마리 잡으러 초가산간 태우는 격이라 아니할 수 없습니다. 유대인 출신으로 영국 노동당 중진의원인 제럴드 카우프먼은 "이스라엘 정부는 홀로코스트에 대한 비유대인들의 죄의식을 팔레스타인 살육을 정당화하는 데 악용하고 있다"고 말하면서 이스라엘의 가자침공은 나치의 유대인학살과 유사하다고 비판하였습니다.

나는 10년 전 독일 뮨헨 근교 다카우에 있는 유대인기념관을 방문할 기회가 있었습니다. 평범한 시민으로 살아가던 수많은 유대인들이 갑자기 붙잡혀 와서 생지옥과 같은 수용소생활을 하다가 무참하게 학살된 현장이 그대로 보존되어 있었습니다. 전시실에 는 유대인을 아주 흉악하게 생긴 나쁜 사람으로 그려놓고 사회를 위협하는 적으로 교육시키는 포스터, 삐라와 책자들, 이들을 생체실험에 사용했던 의사들의 연구 보고서 등등이 전시되어 있었습니다. 인간이 어느 정도로 악할 수 있는가를 보여주는 곳이었습니다. 그리고 작년 이스라엘을 방문하였을 때에 예루살렘 근처에 있는 야드바셈기념관을 둘러보았습니다. 이곳에는 홀로코스트의 더욱 생생하고 방대한 자료들이 진열되어서 그 참혹한 역사의 교훈을 잊지 않으려고 하는 그들의 노력을 엿보게 했습니다.

그러나 현실정치를 보면 이들이 이 기념관을 통해서 국민들에게 가르치고자 하는 것은 오직 하나 또 다시 이런 비극을 당하지 않기 위해서 국방력을 견고히 하고 수단방법을 가리지 않고 조국을 지켜야한다는 교훈뿐인 것 같아 안타깝습니다. 이스라엘은 유감스럽게도 홀로코스트에서 마땅히 배워야할 귀한 교훈을 배우지 못하고 있는 것 같습니다. 폭력이 얼마나 인간을 불행하게 하는지, 인권을 짓밟고, 생명을 경시하는 그것이 얼마나 하나님의 뜻에 합당치 않은지 말입니다.

그래서 자신들의 땅에 오래 살다가 힘없어 변방으로 쫓겨난 팔레스탄 사람들을 향해서 이제는 나치처럼 힘과 폭력으로 행사하고 있는 것입니다. 2차 대전 당시 폴란드에게 나치에 의해 할머니를 잃은 카우프먼은 "팔레스타인 희생자들이 대부분 전투원이라는 이스라엘의 주장은 바로 당시 나치의 주장이었다"며 "나치는 바르샤바 유대인 게토에서 살아남기 위해 싸운 유대인들의 몸부림을 전투행위로 간주했다"고 말했습니다. 어떻게 이처럼 폭력은 역사 속에서 반복되는 것인가요. 내가 좀 더 안전한 환경에서 좀 더 잘 살기 위해서 너의 불행은 상관없다는 나치의 사고가 그 피해자였던 이스라엘 속에 그대로 배어버린 것입니다.

그런데 재미있는 것은 일부 기독교인들 중에는 이스라엘에 대한 무조건적인 호감을 갖는 사람들이 많이 있다는 것입니다. 미국 기독교 우파를 대표하는 팻 로버트슨 목사 같은 이는 이번 이스라엘의 침공 이후 한 방송국 연설에서 "이스라엘의 강경 정책에 대한 세계 각국의 비난이 있겠지만 하나님은 자신의 백성인 이스라엘을 지지할 것"이라고 발언한 것입니다.

그러나 고아와 과부의 아버지 되심을 자처하시는 하나님은 이스라엘 백성들이 아니라, 힘없이 억울하게 폭력의 희생자가 되는 모든 사람들 곁에 계십니다. 그러므로 우리 그리스도인들 역시 고난당하는 자 곁에 서 있을 수밖에 없는 것입니다. 하루 속히 그 땅에 평화가 임하기를 바랍니다.

히로시마와 나가사키

시사칼럼 (2009-08)

한반도에 핵의 어두운 그림자가 드리우고 있습니다. 요즘은 그 어느 때보다도 핵을 생각하게 하는 시기입니다. 1945년 8월 6일 미국은 히로시마 상공에서 인류 최초로 가공할만한 핵무기를 투하하였습니다. 인구 30만 명의 히로시마는 한 순간에 잿더미로 변해 도시의 60%가 파괴됐고, 폭탄이 떨어진 지점으로부터 반경 500m 이내의 생명체는 모두 목숨을 잃었으며, 24만 명이 방사능과 고열과 후유증으로 고통을 겪었습니다. 그리고 3일 뒤 나가사키에 두 번째 원자폭탄을 떨어뜨려 또 다시 수만 명의 사상자를 내었습니다. 그러자 인류 역사상 처음으로 원폭 피해를 당한 일본은 곧 바로 항복을 선언했습니다.

나가사키에 원폭을 투하한 폭격기의 부조종사로 얼마 전 타계한 도날드 앨버리는 생전에 원폭 투하가 미군의 일본 침공으로 인한 끔찍한 인명 피해를 사전에 막았기 때문에 양심의 가책을 느끼지 않는다고 했고, 그의 부인도 한 인터뷰에서 자기 남편은 백만 명의 목숨을 구했고 기도를 정말 많이 했다고 말했습니다.

이것이 일제의 식민지로부터 벗어나는 결정적인 사건이었기에 우리 국민들은 핵폭탄투하에 대한 정당성에 누구보다도 동의하고 싶을 것입니다. 심지어 많은 기독교인들은 히로시마와 나가사키에 투하된 원폭이 일본의 만행에 대한 하나님의 불의 심판이고 우리 민족을 해방시키기 위한 하나님의 섭리였다고 생각할 것입니다.

그러나 핵무기의 확산으로 인하여 그 어느 때보다도 인류가 핵의 위협을 받고 있는 오늘날, 과연 자국군의 피해를 최소화하고 전쟁을 앞당겨 종식시키기 위해서 핵을 사용한 미국의 행위가 옳은 것이었는가에 대해서는 보다 냉정하게 판단할 필요가 있습니다. 두 도시에 투하된 원폭은 20만이 넘는 사망자를 포함하여 70만 명에 이르는 사람들이 큰 피해를 입었습니다. 그리고 그 안에는 4만 명의 사망자를 포함 7만여 명의 한국인 피해자들도 포함되어 있습니다. 문제는 그들 모두가 민간인들이라는 사실입니다. 군인이 아닌 민간인들을 대상으로 하여 그토록 가공할 대량 살상무기를 사용하는 것은 그 어떤 명분으로도 정당화될 수 없는 범죄행위라 생각합니다.

2차 세계 대전 이후 동독과 대치되어 냉전의 최전선에 서 있던 서독의 아데나워 정권은 1957년 확실한 안보를 위해서 핵무장을 하려고 했습니다. 그러자 많은 지식인들과 교회가 그에 반대하고 저항하면서 내건 슬로건이 바로 "아우슈비츠에서 히로시마까지(von Auschwitz bis Hiroshima)"라고 하는 것이었습니다. 20세기에 들어서서 자행된 인종주의에 의한 대량 학살과 핵에 의한 대량 학살이 인류 역사상 가장 수치스러운 일이었고, 그것은 두 번 다시 반복되어서는 안 된다는 관점에서였습니다.

그럼에도 불구하고 오늘날 세계는 심각한 핵 확산의 위협에 놓여 있습니다. 많은 나라들이 핵의 부재를 통한 생존이 아니라, 핵무기의 유지와 강화를 통한 생존 전략을 택하고 있기 때문입니다. 이들은 핵무기를 개발하여 이웃나라를 위협함으로 자신들의 안보를 굳건히 확보하겠다는 쪽을 선택했습니다. 얼마 전 핵 실험을 강행한 북한도 이런 위험한 사고에서 출발한 것이며, 이에 대응하여 핵 무장을 은근히 주장하는 일본의 우파들 역시 동일한 논리를 펴고 있습니다.

이미 간접적으로 핵의 피해를 입은 우리 국민은 세계 어느 나라보다도 핵을 반대해야 하고 특별히 한반도를 비핵화하기에 힘을 써야 합니다. 1991년 12월 노태우 대통령의 '한반도 비핵화 선언' 이전 남한에는 주한미군의 전술 핵무기가 다량 배치되어 있었습니다. 이것이 모두 다 철수된 오늘날, 북한이 다시금 이 가공할 대량 살상 무기를 한반도에 배치하려는 것은 크게 잘못된 생각입니다. 북한은 반드시 핵무기를 포기해야 하며 이를 위해 우리나라를 포함한 주변국들은 북한의 핵 포기 이후 확실한 안전보장과 평화공존에 대한 확신을 심어주도록 노력해야 합니다.

우리와 우리의 후손들이 대대로 살아가야 할 한반도는 핵이 없고 핵의 위협을 주고받지 않는 평화로운 땅이 되어야 합니다. 우리나라뿐 아니라, 나아가 세계의 모든 지역이 비핵화를 선언하여 하나님이 창조하신 아름다운 이 땅 위에 다시는 히로시마와 나가사키의 불행이 반복되지 않기를 기도합니다.

오바마의 노벨 평화상 수상

시사칼럼 (2009-10)

얼마 전 노벨 위원회가 미국의 오바마 대통령을 노벨 평화상 수상자로 선정하였습니다. 사실 오바마 대통령은 아직 취임한 지 1년도 지나지 않았기에 그 업적에 대한 평가가 시기상조라는 점에서 이 결정은 많은 비판을 받기도 했습니다. 그러나 노벨 위원회가 수상자 발표 후의 기자회견에서 밝혔듯이 이 상은 오바마의 치적에 대한 평가보다는 그의 정치 방향과 비전을 중시하고 그것을 발전시키는데 힘을 실어주려고 하는 배려였다고 보아야 할 것입니다. 그러므로 오바마도 자신이 이 상을 받을 자격이 없음을 인정하면서 이는 모든 국가의 사람들이 간직한 열망을 대표해 미국의 리더십을 긍정적으로 봐준 것이라 생각한다고 소감을 밝혔습니다.

미국은 누가 뭐라고 해도 세계 정치에 가장 큰 영향을 미치는 나라입니다. 그러나 많은 사람들이 미국의 영향을 부정적으로 생각하고 있습니다. 작년에 BBC방송이 국제 뉴스에 자주 오르는 14개국을 놓고 전 세계 34개국 17,000명을 대상으로 '세계에 끼치는 영향'을 조사하였습니다. 그 결과 조사 대상의 47%가 미국이 세계에 부정적인 영향을 미친다고 하였고, 미국은 44%를 얻은 북한보다 오히려 더 낮은 최악의 평가를 받았습니다.

미국이 이처럼 긍정적인 이미지를 주지 못했던 원인은, 세계의 경찰 국가로서 세계의 질서를 유지할 책임을 자임하면서도, 자기 나라의 이익을 앞세워 공의와 공정성을 지키지 못했기 때문입니다. 무엇보다도 9·11 사태 이후 네오콘으로 무장한 미국의 부시 정권이 세계를 선과 악의 이분법적인 시각으로 바라보고 그 단순화된 틀을 각 나라에 강요하면서 무력으로 패권을 유지하려고 세계 곳곳에서 대결 구도를 고착화한 데에 그 원인이 있습니다.

그러나 오바마에 의한 정권 교체는 국제 질서의 흐름을 미국의 일방주의에서 평화공존으로 바꾸는 정치적인 변화를 예고하였습니다. 실제 그는 올해 들어 핵무기 없는 세상이란 '담대한' 이상을 제시하며 핵 군축을 위해 노력하는 한편, 교착 상태에 빠진 중동 평화 회담 재개, 이슬람 세계와의 화해, 전 지구적 기후 변화 대응 등을 추구해 왔습니다. 물론 어느 것 하나 쉬운 일이 아니며 특별히 당면한 아프간 문제는 평화로 향하는 그의 발목을 잡을 수도 있었습니다. 그러나 오바마가 제시한 정책들은 분명 미국의 큰 변화이며 그것은 동시에 세계 흐름의 긍정적인 변화로 이어질 것으로 봅니다.

그러므로 노벨 위원회는 이제 세계가 달라져야 한다는 간절한 염원에서, 그리고 평화와 공존을 향한 새로운 국제 질서에 대한 기대와 격려의 차원에서 오바마 대통령을 노벨 평화상 수상자로 선정한 것이고, 그런 점에서 이것은 결코 노벨상의 권위를 격하시키지 않았다고 생각합니다.

평화와 공존을 추구하는 길은 이상적인 것으로 들릴지 모릅니다. 사람들은 언제나 '그렇게 되어져야 할 세계의 모습'과 '지금 현재 세계의 모습' 사이에 커다란 괴리가 있음을 보게 됩니다. 특별히 우리 그리스도인들에게는 더욱 그렇습니다. 하나님의 창조 질서에 합당한 세상과 지금의 왜곡된 현실 사이에는 너무도 커다란 간격이 있습니다. 바로 이 간격 사이에서 우리는 지금 주어진 세계의 현실에 만족하거나 그 왜곡된 세상을 정당화하지 말아야 합니다.

우리 속에 하나님의 말씀을 통해서 그려지는 '그렇게 되어져야 할 세계의 모습'은 지금 있는 그대로의 현실에 불평과 불만이 되기보다는 비전과 방향키의 역할을 하게 될 것입니다. 평화의 왕으로 오신 주님을 신뢰하고 따르는 우리는 갈등과 대결로 흘러가기 쉬운 세상 속에서 언제나 평화와 공존의 이상을 말할 것입니다. 그런 세상이 되기를 기대하고, 그런 세상을 만들려고 하는 사람을 격려하며, 함께 그런 세상을 만들어가려고 노력할 것입니다. 우리 주님이 언젠가 세상에 온전한 평화를 가져오시는 그 날까지 평화를 위한 노력을 계속해 나갑시다.

양심적 병역거부

한국기독신문 (2018-11)

최근 대법원에서 양심적 병역거부에 대해 무죄판결을 내렸고, 이에 따라 국방부는 대체복무제도를 마련하기 위해 부심하고 있습니다. 양심적 병역거부란 자신의 양심에 따라 입대를 거부하거나 입대해서도 집총을 거부하는 행위를 가리킵니다. 우리나라와 같이 모병제가 아닌 의무병 제도하에서는 신체적인 결격사유나 합법적인 면제 사유 이외에는 누구나 다 공평하게 국방의 의무를 지켜야 합니다. 군 생활이 힘들다고 해서 이런 저런 탈법을 통해서 병역의 의무를 기피하려고 하는 것은 범죄행위이고 그런 사람들에게는 당연히 처벌이 따라야 합니다. 그러나 이제부터 양심적인 이유에서 병역을 거부할 경우는 이런 범법자로 대우하지 않겠다는 판결입니다.

우리나라 개신교는 대체로 이 문제에 있어서 부정적인 입장을 갖고 있습니다. 그 이유는 지금까지 양심적 병역거부로 처벌을 받은 자들 대부분이 여호와증인이며, 그러기에 이를 허용하는 것이 이단 활동의 길을 열어줄지 모른다는 염려 때문입니다.

그런 염려가 충분히 일리가 있지만, 우리는 양심적 병역거부의 보다 본질적인 면을 이해할 필요가 있습니다. 그것은 바로 전쟁의 문제입니다. 인류의 역사 속에서 수많은 전쟁이 이어져 왔고 그 속에서 수많은 사람들이 고통과 죽임을 당해야 했습니다. 그 전쟁들은 철저한 명령과 복종의 체계 속에 있는 군인들에 의해서 치러졌기에 사실상 군인들 모두는 승자나 패자할 것 없이 전쟁의 가장 큰 희생자들이라 할 수 있습니다.

그 많은 전쟁 중 꼭 해야만 했던 정당한 전쟁은 얼마나 될까? 전쟁을 시작하는 정치 권력자들은 다 나름대로 전쟁의 정당성을 선전합니다. 심지어 과거 서양의 기독교국가에서는 이 전쟁이 하나님이 허락한 "거룩한 전쟁"이라고 하면서 국민들을 호도했습니다. 그러나 역사가들은 대부분의 전쟁이 불필요한 전쟁, 해서는 안 되는 전쟁이었다고 평가합니다.

근대 역사에서 병역에 대한 거부운동은 먼저 프랑스혁명에서부터 시작되었지만, 가장 강하게 일어난 곳은 2차 대전 이후 독일이었습니다. 독일의 젊은이들은 1, 2차 세계 대전 속에서 누구보다도 극심한 혼란을 경험해야 했습니다. 그들은 조국을 위해 목숨을 걸고 싸웠으나, 전쟁 후 돌아온 것은 인류와 역사의 죄인이라는 낙인이었습니다. 교회는 이러한 전쟁들을 신학적으로 정당화하면서 참전을 독려했고, 군목들은 출정하는 군인들을 위해서 예배와 축도를 드렸는데, 패전 이후 그 모든 것이 하나님의 뜻이 아니었다는 것을 인정하지 않을 수 없었을 때의 혼란을 감당하기 어려웠던 것입니다.

그러나 2차 대전 이후 동서의 이념대결 가운데 서독 내에 재무장이 진행되고 나아가 핵무기 배치로 인해서 또 다시 전쟁의 위기가 고조되었습니다. 이때 일부 청년들이 일어나 "다시 총을 들고 그릇된 전쟁의 앞잡이 노릇할 수 없다"며 병역을 거부했습니다. 가톨릭과는 달리 독일 개신교총회(EKD)는 일찌감치 이들의 입장을 이해하고 입법화에 입김을 넣었습니다. 많은 논란과 진통이 있었으나 1956년 병역법 속에 양심적인 병역거부를 인정하는 법이 통과되었고, 그 이후로 이러한 자들은 일반 병역의무자보다 좀 더 길게 일종의 시민봉사자로 근무를 하고 있습니다.

이처럼 어떤 사회든 전쟁 자체를 양심 속에 받아들일 수 없는 사람들이 있을 수 있고 그들이 반드시 틀린 것만이 아님을 역사가 가르쳐주고 있습니다. 또한 신앙의 관점에서도 이런 문제를 너무 성경적이다 비성경적이다 라고 단순화시킬 수 없습니다. 그리스도인의 적극적인 병역참여는 밀라노칙령이 있은 지 한참 후 서로마가 게르만의 침공을 받아 위태로울 때에 교부 어거스틴에 의해 권해졌습니다. 그러나 그 이전에 그리스도인들은 군인이나 전쟁이라는 것 자체에 소극적이었습니다. 특별히 고대 교부였던 터툴리안은 살인하지 말라는 계명과 아울러 주님이 가르치신 산상수훈의 교훈을 갖고 군인이라는 직업을 터부시함으로 양심적인 병역거부를 가르친 사람이라 할 수 있습니다.

국방이 매우 중요한 우리의 현실을 고려해서 이들을 위한 대체복무기간을 일반 군복무자보다 많이 연장해서, 정말 양심적인 병역거부자 이외에는 선택의 메리트가 없게 하는 등 부작용이 없는 대체복무 제도를 만든다면 큰 무리 없이 이 문제를 해결할 수 있을 것입니다.

첫 일본 방문기

좋은신문 (2008-03)

"가깝고도 먼 나라" 하면 우리 한국사람 누구에게나 떠오르는 것이 일본입니다. 부산에서 배타면 불과 세 시간이면 가는 나라인데, 그렇게 멀게 느껴집니다. 지난 1월말 수련회에 참석차 이 여행길에 올랐습니다. 어느 외국을 나갈 때보다 묘한 흥분과 기대가 내 안에 있었습니다. 밤새 12시간을 머물렀던 배에서 내려 후쿠오카 항구에 첫발을 디디면서 50평생에 처음으로 일본 땅을 밟게 되었습니다.

왜 이렇게 오기 힘들었을까요? "목회가 바빴기 때문에, 특별한 목적이나 연고 없이 외국여행을 계획하는 것이 어려웠기 때문에" 등등의 여러 이유가 있겠지만, 그보다는 어려서부터 내 가슴에 심겨진 일본에 대한 배타적인 감정이 아직 온전히 치유되지 못했기 때문일 것입니다.

우리 아버지는 일제말기 바로 이 큐우슈우섬 어딘가에 징용으로 끌려

오셨습니다. 그리고 용케 도망쳐서 한동안 이리저리 숨어 다니는 생활을 해야 했습니다. 해방이 되어 이제 좀 살게 되었다 싶었을 때에 이번에는 북한 공산당에게 쫓겨서 정든 교회와 집과 재산을 다 버리고 월남해야 했습니다. 일본과 북한 김일성 - 이들에 대한 미움은 아버지에게 극복하기 어려운 산이었습니다.

내가 어렸을 때는 일제의 잔재로 일본말들이 많이 사용되고 있었는데, 내가 잘 모르고 일본말을 쓰면 아버지는 반드시 지적하시고 사용하지 못하게 금하셨습니다. 아마도 이런 아버지의 한의 일부가 내 감정 속에 유전되었을 것입니다.

비단 나뿐이겠습니까! 우리 민족 모두의 감정에 유전되어 있을 것입니다. 그래서 평시에는 숨겨져 있다가도 뭔가 이슈가 나오면 이 어두운 감정은 괴물처럼 솟아올라 사람들의 마음을 사로잡습니다. 때로 그것은 민족주의라고 하는 가면을 쓰고 대립과 대결을 조장합니다. 여기 저기 선동적인 목소리들은 우리 속에 뿌리박은 미움이라는 것을 정당화시켜버립니다. 그러나 이 미움의 감정은 우리가 극복해야할 과제이고 우리의 자녀들에게 전수해서는 안 되는 유산입니다.

화해 - 오늘날 우리 사회에 화해보다 중요한 단어가 있을까요! 작게는 가족 구성원에서부터 크게는 국가와 국가에 이르기까지 공동체 속에 금이 가고 깨어지고 원수가 된 관계에 화해보다 필요하고 우선되어야 할 것이 있을까요! 화해는 미움과 원한의 악순환의 고리를 끊는 것입니다.

그리고 그 화해의 시작은 만남입니다. 개인이나 국가나 만나야 합니다. 한국 학자들과 일본 학자들, 정치인들, 젊은이들이 서로 만나야 합니다. 일본 땅에 발을 딛고 돌아다니니 아름답고 좋다는 느낌입니다. 꼭 독일에 온 것 같은 느낌이 듭니다. 조용하고 깨끗하고 단아한 모습입니다. 일본사람들을 길거리에서 식당에서 호텔에서 가게에서 늘상 만나니 별다른 사람들 아니고, 그저 평범하고 나와 같은 사람들입니다. 아마 북한 사람들도 마찬가지일 것입니다. 자주 만나다보면 단절된 가운데서 누적되어버린 이질감들이 차츰차츰 극복될 것입니다.

예수 그리스도의 십자가는 화해를 이루는 징표입니다. 나와 너 사이의 막힌 모든 담을 허무는 능력이 그 안에 있습니다. 그러므로 십자가 위에 세워진 교회는 이 시대 화해의 사역자입니다. 사람과 사람 속에, 민족과 민족 속에 깊이 박힌 미움과 원한을 치유하고 화해케 하는 일 그것이 교회가 해야 할 일입니다. 그것이 바로 우리가 앞장서서 해야 할 일이라 생각합니다.

독도 문제를 바라보며

시사칼럼 (2008-07)

최근 이웃나라 일본은 중학교 신학습 지도 요령 해설서에서 일본의 독도 영유권을 기술함으로 우리 국민의 분노를 촉발시키고 있습니다. 게다가 일본은 러시아나 중국 대만과도 끊임없이 영토 분쟁을 벌이고 있습니다.

오늘날 유럽 연합을 비롯해서 아프리카, 남미, 북미 등이 경제 정치적인 블록을 형성하여 힘과 영향력을 키우는데 비해, 세계 정치와 경제에 큰 비중을 차지하는 동북아는 연합과 평화 공존보다는 갈등과 긴장의 관계에서 벗어나지 못하고 있는 실정인데, 그 주범의 하나가 바로 일본이 아닐까라는 생각을 해봅니다.

일본은 지난 날 한국을 비롯한 아시아 여러 국가에 커다란 고통과 상처를 안겨준 장본인입니다. 하지만, 이에 대한 올바른 돌이킴과 청산의 과정을 밟지 못한 가운데, 내면의 어두운 야욕을 반복하여 드러내면서 스스로 주변국들에게 불신과 위협의 대상이 되고 있는 현실입니다.

이런 점에서 2차 세계 대전 당시 함께 만행을 저지르고 패전한 독일과 종종 비교의 대상으로 회자됩니다. 독일은 나치시대에 행한 죄악들을 숨기지 않고 차곡차곡 모두 다 드러내었고, 그 치부의 중심이 되는 유대인 강제수용소들을 기념관으로 만들어 자녀들이 계속해서 보면서 교훈을 받도록 했습니다. 이웃나라들에 대해 끊임없는 사죄를 반복했고, 새로운 죄와 희생자가 드러날 때마다 적절한 배상을 해나가고 있습니다. 이로 인해서 독일은 과거의 나치독일과 단절하는데 성공했습니다.

이에 반해서 일본은 식민 지배와 2차 대전에 있었던 만행을 숨기려고 할 뿐 아니라, 정신대와 같은 분명한 역사적인 사실조차도 인정하려고 들지 않았습니다. 그 결과 일본은 그릇된 과거로부터의 역사를 단절시키지 못하고 오히려 그 과거를 미화하려는 우익집단들의 커지는 영향력을 방조하고 있는 것입니다.

독일은 패전으로 인해 일본보다도 훨씬 더 많은 영토를 잃어 버렸습니다. 2차 대전 후 소련의 강력한 주장에 의해서 오데르 나이세 강을 독일과 폴란드의 임시 국경으로 하게 되었습니다. 이로 인해서 이 강 동쪽에 위치한 슐레지엔 지역에 살던 독일인 수백만이 쫓겨나 난민 신세가 되었으며, 독일은 무려 전 국토의 20%를 상실하고 말았습니다. 아무리 패전국이라고 해도 독일의 뿌리인 프로이센이 수백 년 간 살아온 영토를 넘겨준다는 것은 사실 용납할 수 없는 일이었습니다.

고향을 떠나 피난한 사람들을 중심으로 서독 내에서 커다란 반발이 일었지만, 사회민주당의 빌리 브란트 정권은 1970년 폴란드와 수교하면서 이 국경선을 받아들여 상호 불가침 선언을 하였습니다. 그리고 통일이 되면서 보수당인 기민당의 콜 수상 역시 과거 영토에 대한 권리 포기를 선언하였습니다. 이로 인하여 독일은 폴란드뿐 아니라, 유럽 전체의 신뢰를 얻으면서, 영토보다 더 귀한 정치적인 영향력과 리더십을 회복하게 된 것입니다.

한번은 독일 교회에서 슐레지엔으로부터 피난 온 한 독일의 그리스도인에게 물었습니다. "당신은 옛 고향을 찾아야 한다는 생각이 없느냐?" 그러자 그가 말했습니다. "물론 고향 땅에 대한 아쉬움은 있지만 그것은 이제 다 지나간 이야기이다. 우리에게는 땅보다도 평화가 더 중요하다." 그들은 오랜 세월 반복된 전쟁의 불행을 누구보다도 뼈저리게 느끼고 있었던 것입니다.

크고 작은 땅 덩이에 대한 탐욕을 여전히 버리지 못한 채, 이웃 나라들과 끊임없이 갈등을 빚고 있는 일본이 바로 귀감으로 여겨야 할 모습이 아닌가 생각합니다. 소탐대실에서 벗어나지 못하는 일본의 변화를 우리는 기대합니다.

우리 그리스도인들은 이런 일이 있을 때마다 욕심이 잉태하면 죄를 낳고 죄가 장성한 즉 사망을 낳는다는 성경의 가르침을 깊이 상고해야 합니다. 영토에 대한 야욕으로 인하여 얼마나 비참한 전쟁들이 있었는가를 돌아보면서 호리라도 우리나라에 그러한 왜곡된 민족주의가 발을 들이지 못하도록 해야 합니다.

아울러 일본의 야욕에 의해서 벌어진 이러한 갈등 속에서도 두 나라 국민들이 미움과 증오에 사로잡히지 말고, 대화를 통해서 평화로운 관계를 지켜 나갈 수 있기를 위해서 기도합시다.

세상에서 가장 아름다운 용기

한국기독신문 (2018-08)

　태평양전쟁 당시 위안부로 끌려갔었던 한국의 김군자 이용수 두 분과 네덜란드의 오헤른 이 세 할머니가 2007년 미국 하원 아태소위의 청문회에 출두하여 증언을 했습니다. 민주당 혼다 의원 등이 위안부 문제를 '일본 정부가 저지른 20세기 최대의 인신매매 사건'으로 규정하고 일본 총리의 공식 사죄 등을 권고하는 결의안을 내서 이뤄진 청문회였습니다. 이들의 증언 이후 난시 페로시 하원의장 아래 가결된 121호 결의는, 일본군 위안부 제도를 과거에 없는 잔혹함과 규모면에서 20세기 최대 인신매매의 하나라고 하여 성노예가 된 위안부라고 불리는 여성들에 대한 공식 사죄, 역사적 책임, 모든 이론에 대한 명확한 논파 및 장래 세대에 걸친 교육을 할 것을 일본 정부에 요구한다고 명기했습니다. 2017년에 개봉된 '아이 캔 스피크(I can speak)'라는 영화는 이 내용을 소재로 한 것입니다.

그런데 당시 일본의 아베정부는 최고의 로비스트들을 미 의회에 보내어 이 결의안이 통과되지 못하도록 온갖 방해를 놓았습니다. 한 마디로 과거의 잘못을 인정하고 싶지 않았던 것입니다. 심지어 1993년 고노 요헤이 관방장관이 담화를 통해 위안부 모집에 일본 관리들이 직접 개입했음을 인정하고 피해자들에게 사과했지만, 아베를 비롯한 우익성향의 정치인들은 이것까지도 되돌려 놓으려고 하고 있습니다.

일본은 세계 최강의 경제대국을 이룬 나라이고, 높은 시민의식과 민도를 갖고 있음에도 불구하고 과거의 문제를 제대로 정리하지 못하는 대표적인 나라로 지목받고 있습니다. 자신들이 과거 그와 같은 야수적인 행위와 범죄를 저질렀다는 것을 인정하지 않으려고 하다 보니, 거짓과 은폐뿐 아니라 왜곡된 역사해석과 자기합리화의 틀에 갇혀버리고 말았습니다.

그러나 과거는 결코 과거의 문제로만 끝나지 않습니다. 과거사에 대한 진실한 규명과 반성이 없는 한, 현재를 그 잘못된 과거와 단절시키지 못합니다. 이것이 일본으로 하여금 전후 선진국들 중에 가장 우경화된 사회가 되게 하면서, 주변국들에게 신뢰는커녕 여전히 불신과 불안을 안겨주는 나라로 인식되게 하는 근본적인 요인입니다.

한 나라나 개인이나 간에 자신의 지은 죄와 잘못을 솔직하게 인정하는 것이 참 어렵습니다. 자신의 잘못과 실수를 인정함으로 얻게 될 경제적, 명예적인 손실 내지는 자존심의 상처를 두려워하기 때문일 것입니다. 심지어는 어쩔 수 없었던 상황을 들먹거리거나, 남도 다 하는 일이라는 등의 자기 합리화로 덮어버리고 싶어 합니다. 그리고 시간이 조금 지나가면 왜 지나간 과거에 집착하느냐고 도리어 분노합니다. 그러나 정리되지 않은 채 그냥 지나쳐버리는 과거의 잘못은, 죄에 대한 모호한 태도나 자기합리화의 통로를 타고 현재와 미래에 다시 되풀이되기 마련입니다.

1995년 8월 독일의 바이체커 대통령이 일본에 초청되어 "종전 50년의 독일과 일본"이라는 제목으로 연설을 했습니다. 당시 일본에서는 한국을 비롯한 아시아 국가들에게 어떤 단어로 사죄를 해야 하는가를 놓고 열띤 논쟁이 벌어지고 있었습니다. 사죄냐, 유감이냐, 통한의 염이냐 등등. 어떤 기자가 이에 대해서 바이체커에게 조언을 구했을 때 그는 이렇게 대답했습니다. "사람과 사람 사이의 관계에서 우리가 갖는 경험이 국가 간의 관계에서도 적용이 된다고 봅니다. 미안하다는 사죄의 말은 자주 필요합니다. 그러나 그러한 말은 그 말을 하는 사람이 진심으로 그렇게 생각할 때, 비로소 가치가 있고 유효한 것입니다." 일본인들이 진심으로 잘못했다고 생각지 않는다면 어떤 용어를 쓴다고 해도 결국 단순한 정치적인 제스처에 불과할 뿐이라는 말입니다.

이와 관련해서 스위스의 저술가 아돌프 무쉬그가 독일의 유력 주간지 슈피겔지에 낸 글은 의미심장합니다. "(과거를 돌이키는 사람에게는) 마치 마취가 풀릴 때처럼 먼저 고통이 오기 마련입니다. 그러나 자신의 허물을 인정할 수 있는 사람만이 올바른 현실로 돌아올 수 있습니다." 정말 옳지 않습니까? 잘못을 인정하는 것에는 종종 아픔이 따르지만, 그렇게 할 때만이 우리는 바른 현실로 돌아올 수 있고, 그럴 때 우리에게 바른 미래가 열리게 되는 것입니다.

세상에서 가장 아름다운 용기는 무엇일까요? 그것은 상대방이 누구든 자신의 잘못을 인정하고 무릎을 꿇을 수 있는 용기입니다. 참된 신앙도 바로 여기서 시작되는 것입니다.

9. 통일로 가는 길

- 긍휼의 힘
- 경색된 남북 문제
- 남과 북의 물분쟁
- 전쟁과 평화
- 독일통일 20주년을 맞이하여
- 독일교회에서 배울 통일의 길

긍휼의 힘

CTS (2013-06)

사람은 누구나 자기의 관점에서 사물을 바라보기 쉽습니다. 꽤 남을 배려한다고 생각하는 사람도, 언뜻 자기 입장을 앞세울 때가 종종 있기 마련입니다. 이렇게 자기 관점에서 보다보면 세상에는 이해할 수 없는 사람들이 많습니다. 그래서 누군가를 비판하고 대립각을 세우는 일이 다반사입니다.

이것은 나라와 나라 사이에도 마찬가지입니다. 복잡하게 꼬이고 얽힌 남북문제는 더욱 그렇습니다. 우리들의 눈에 북한당국이나 북한사람들은 참 이해 안 되는 대상입니다. 오랜 세월 철의 장막을 사이에 두고 서로 다른 이념 가운데서 살아온 사람들이니 이해하는 것이 쉽지 않지요.

먼저 통일을 경험한 독일도 마찬가지입니다. 동독과 서독사람들이 뒤섞이면서 서로가 놀랐습니다. 왜 이렇게 다를까? 어떻게 저럴 수가 있을까? 정신과 의사인 마츠박사는 동독인들의 심리를 '감정정체론' 으로 표현했습니다. 오랜 세월 권위주의적 환경에서 살다보니 자기표현을 못합니다. 정말 자신에게 필요한 것이 무엇인지를 모른 채, 타인의 요구를 충족시키는 데서 행복을 느끼고 존재의의를 부여하는 일종의 자기소외의 경향이 나타난다는 것입니다.

이런 정신적 공허를 채우기 위해 끊임없이 눈치를 봅니다. 그래서 자신이 무시되거나 소외받는가를 살피고, 남과 비교하고, 더 나아가서 그들로부터 인정과 애정을 요구하게 됩니다. 이러한 욕구가 충족되지 못할 경우, 불안과 공포뿐 아니라, 타인에 대한 공격성향을 갖고, 자기 집단끼리만 뭉치게 되는데, 이것이 일종의 '감정정체현상' 이라는 것입니다. 아마도 북한은 이점에서 동독보다 훨씬 더 심할 것입니다.

이처럼 소통이 대단히 어려운 사람들과 우리는 평화로운 통일을 이루어야 합니다. 이것은 매우 어려운 정치적 작업입니다. 그러나 여기 커다란 변수는 바로 대한민국에 큰 영향력을 갖고 있는 우리 개신교 그리스도인들입니다. 만일 그리스도인들이 그리스도의 사람이라는 그 이름답게 예수 그리스도의 본을 따른다면 평화통일에 결정적인 가교가 될 것입니다. 그러나 예수와 대조되는 자리에 서있는 바리새인들의 흉내를 낸다면 오히려 통일에 커다란 걸림돌이 될 것입니다.

예수님과 바리새인의 차이는 무엇입니까? 바리새인은 세상을 선과 악으로 나누는 이분법적 사고에 사로잡혔습니다. 자기와 생각을 달리하는 사람들을 수용하지 못하면서 '나는 의롭고 너희는 악하다' 는 자기 의와 교만으로 충만했습니다. 그들의 눈에 이방인, 사마리아인, 세리와 죄인들은 모두 악하고 불경한 자이므로 이러한 자들과 상종하는 것 자체가 불법이라 규정하고 터부시 했습니다.

그러나 예수님은 이들의 뜻에 따르지 않았습니다. 일부러 사마리아 땅으로 들러 그들과 교제했고, 죄인들과 어울렸으며, 세리 마태를 12제자로 삼으면서 그가 초대한 세리들과 함께 식탁의 교제를 나누셨습니다. 이러한 예수님의 행위를 비난하는 바리새인들에게 예수님은 말씀하셨습니다. "너희는 가서 내가 긍휼을 원하고 제사를 원하지 아니하노라 하신 뜻이 무엇인지 배우라 나는 의인을 부르러 온 것이 아니요 죄인을 부르러 왔노라 하시니라"

주님은 결코 죄인의 죄를 두호하지 않았지만, 그들을 정죄하고 내쫓고 담을 쌓는 것이 아니라, 구원하고 치유해서 함께 더불어 살아야할 존재로 끌어안았습니다. 이것을 이루기 위해 주님은 도리어 자신이 십자가의 치욕을 당하시고 희생의 값을 치르신 것입니다. 이것이 긍휼입니다.

오늘날 남북관계에 있어서 우리 그리스도인들이 자칫 바리새인과 같이 나는 선이고 너는 악이라는 이분법적인 생각에 고착되어 있을 때에는 도리어 통일의 심각한 장애요인이 될 수 있습니다.

통일을 위해서 우리는 예수님으로부터 그가 보이신 이 긍휼의 마음을 배워야 합니다. 긍휼이야말로 평화로운 통일의 기초입니다. 독일교회 역시 이 긍휼의 마음으로 동서독의 통일의 견인차가 되었습니다. 우리 한국의 개신교인들 역시 긍휼의 마음을 품고 통일에 밑거름이 될 수 있기를 바랍니다.

경색된 남북 관계

시사칼럼 (2009-02)

　이 시대를 살아가는 우리들에게 가장 무겁고도 중요한 과제는 남과 북으로 나누어진 한반도의 통일일 것입니다. 1990년 동서독이 통일됨으로 이제 우리는 지구상에 남아있는 마지막 분단국가가 되었습니다. 한때는 통일은 선이라고 하면서 통일을 시대적인 지상 과제로 여기기도 했지만, 이런 이상론에서 벗어나 이제는 차분히 현실적인 문제를 직시하는 사회 분위기가 형성되었습니다. 일각에서는 통일이 가져다 줄 혼란과 경제적인 부담을 생각하면서 통일 자체에 대해서 회의적인 시각을 가진 계층도 있습니다.

　한편 지난 10년 간 남과 북은 많은 대화와 경제적, 인적 교류를 이어 왔습니다. 이것은 어린 시절 북한 괴뢰군 하면 뿔 달린 빨간 도깨비로 상상하면서 무조건 물리쳐야 할 대상으로 여겨온 우리 기성세대들에게는 상상조차 할 수 없는 일입니다. "퍼주기다, 핵무기 제조를 방조했다." 등등의 문제도 물론 제기되었고 분명 부작용도 있었겠지만, 서로 만나서 대화하고 관광하며 경제적인 교류를 갖는 것은 미래의 통일에 있어서 아주 중요하고 필요한 일이라고 생각합니다.

그러나 남한에 새로운 정권이 들어서면서 남북 간의 관계는 경색되고 대화의 채널을 잃은 채, 과거와 같은 대결의 국면으로 되돌아가고 있습니다. 최근에는 서해안에서 군사적인 충돌까지도 우려되는 상황으로 악화되었습니다. 이것은 대단히 바람직하지 못하고 유감스러운 현상입니다.

현재 상황에서 서로 내 탓 네 탓이라며 책임공방을 해 봐도 도움 되는 것은 아무 것도 없습니다. 북한 정권이 대화하기 어렵고 국제적인 룰도 통하지 않으며, 인권이나 정치 민주화는 바닥 수준이고 그저 벼랑 끝 전술이나 구사하는 무지막지한 집단이라고 하는 것은 어느 누구나 다 아는 사실이 아닌가요? 그러한 까다로운 대상을 잘 다루어 대화와 교류의 장으로 끌어내야 하는 것이 또한 통일을 염원하는 우리에게 주어진 과제라고 생각합니다. 통일에는 상상할 수 없을 만큼의 많은 인내와 이해와 양보가 요구됩니다. 우리 시각을 기준으로 한 단순한 판단과 현실적인 계산만으로는 북한과 대결 이상의 관계를 유지할 수가 없는 것입니다.

여기서 우리는 우리와 유사한 분단국이었던 독일에서 통일에 대한 구체적인 방법들을 배울 필요가 있습니다. 동서독의 통일 전후에 일어난 일을 보면 통일이 얼마나 많은 인내를 요구하고 얼마나 많은 값을 치르는 일인가를 확연히 알게 됩니다.

서독은 통일로 가는 과정에서 동독 측에 많은 것을 양보해야 했습니다. 동독 주민이 서독의 TV를 시청하게 하고, 서독 주민이 동독을 방문할 수 있도록 양해를 받아내는 데는 엄청난 돈을 써야 했습니다. 심지어 동독의 정치범들을 돈을 주고 직접 사오는 일까지도 서슴지 않았습니다. 그러한 돈들이 무기 구입에 사용되어 서독의 안보를 위협한다는 국내의 비난도 당연히 일었습니다. 그러나 통일을 목표하면서 한 걸음씩 나아가려고 하는 서독의 정치인들은 그러한 비난에 아랑곳하지 않고 동방정책을 의연히 펼쳐나간 것이었습니다.

아울러 서독교회도 이러한 동방정책에 적극적으로 동참하여 그들 나름대로의 다양한 교류를 진행해 갔고, 심지어 서독의 몇몇 교회가 연합하여 동독의 한 교회를 유지시키는 지원 시스템을 구축하기도 했습니다. 물론 통일은 소련 고르바초프의 개혁 정책이 결정적인 계기가 되기는 하였지만, 오랫동안 지속된 서독의 동방정책과 서독교회의 노력이 굳건한 동서독의 장벽을 무너뜨리는데 가장 중요한 역할을 하게 된 것입니다.

우리 남한과 북한을 비교해 봅시다. 모든 면에서 우리가 훨씬 더 성숙한 사회임을 누구도 부인하지 못할 것입니다. 북한이 경험하지 못한 경제 발전과 민주화, 인권과 인간다운 삶을 누리고 있습니다.

그러므로 우리는 북한의 미성숙함을 비난하고 소외시키기보다는 불쌍히 여기고 품을 수 있는 여유가 필요하다고 생각합니다. 말도 안 되는 이유를 들이대며 억지를 부리는 동생을 비난하고 내치려는 형이 있다면 그는 동생과 꼭 같은 미성숙한 사람이라고 보아야 할 것입니다. 동생의 허물과 어리광을 넉넉히 이해하고 품을 수 있어야 진정으로 형다운 형이 아니겠습니까?

바울은 로마교회에 보낸 편지에서 "믿음이 강한 우리는 마땅히 믿음이 약한 자의 약점을 담당하고 자기를 기쁘게 하지 아니할 것이라."고 말하면서 강한 자의 책임과 관용을 강조했습니다. 정치 세계, 국제 관계 특별히 남북 관계에서 우리가 이러한 관용과 여유를 보인다면 남북관계에서 지금보다 훨씬 더 나은 결과를 가져올 수 있을 것입니다.

남과 북의 물 분쟁

시사칼럼 (2009-09)

지난 6일 북한이 임진강의 황강댐 물을 예고 없이 방류함으로 갑자기 불어난 물에 휩쓸려 우리 측 야영객 6명이 희생되는 안타까운 사고가 일어났습니다. 북한의 무단 방류가 이 인명 피해의 원인을 제공했지만, 여기에 우리 측 자동경보 시스템의 관리 소홀과 공무원들의 직무유기도 큰 몫을 하고 말았습니다.

북한은 사고 다음 날 상류의 수위 상승 때문에 긴급 방류했다고 공식 해명했습니다. 그러나 북한이 의도를 가지고 무단 방류했다고 통일부장관이 말하면서 의혹은 커졌고, 그 의도가 무엇이냐를 놓고 여러 가지 추측이 무성한 가운데 일각에서는 노골적인 적개심을 표현하기도 했습니다.

그러나 최근 한미정보 당국은 무단 방류 직전에 황강댐이 만수위에 가깝게 물이 차 있었다는 결론을 내렸고, 나아가 이 댐의 73% 이상이 물이 차면 붕괴 위험이 큰 사력댐이기에, 수위가 높아질 때 긴급하게 수문을 열어야 하지 않았겠느냐는 관측도 나오면서 북한 해명의 진정성을 뒷받침해주기도 했습니다.

　우리는 이 문제를 남북의 특수한 상황으로 보기 이전에, 지금도 강을 공유한 나라들 사이에서 빈번하게 일어나고 있는 물 분쟁의 틀에서 먼저 볼 필요가 있습니다. 1967년에 중동에서 일어난 6일전쟁의 가장 큰 원인은 다른 무엇이 아닌 물 문제였습니다. 수자원의 30% 이상을 갈릴리 호수에 의존하고, 요르단 강을 농업의 중요한 젖줄로 이용하는 이스라엘은, 강 상류에 위치한 시리아가 댐을 건설하자 전쟁을 일으켰고, 전쟁 결과 강수원지인 골란 고원을 점령함으로 안정적인 수자원을 확보하게 되었던 것입니다.

　아프리카의 나일 강 그리고 유럽의 다뉴브 강의 경우 많은 나라들을 거쳐 흘러가는 국제 하천이므로 강 문제로 인한 국가 간의 갈등이 끊이지 않고 있습니다. 월드워치 연구소의 산드라 포스텔은 '포린 폴리시'에 발표한 논문에서 "5개 대륙 17개 강 유역의 51개 나라들이 심각한 물 분쟁 위험에 놓여 있다."고 보고하고 있습니다.

　남한과 북한 역시 한강과 임진강을 공유함으로 인해서 홍수나 강의 오염 등 다양한 분쟁의 요소들을 안고 있습니다. 더구나 북한이 강 상류에 위치하고 있기에 자국의 이익을 우선해서 물을 관리하려할 때, 하류에 위치한 남한이 피해를 입게 되고 또 극단적인 경우에는 물을 무기화할 수도 있을 것입니다.

　이번 북한의 황강댐 조치는 그 나름대로 방류할 수밖에 없는 사정이 있었을지 모르나, 사전에 통고를 해주지 않음으로 소중한 인명의 피해를 내게 된 것입니다. 사실 인명 피해가 컸기에 뉴스로 부각되었지, 그 동안 해마다 무단방류로 인해 강 주변 주민들은 물질적인 피해를 지속적으로 보아 왔습니다. 이처럼 북한은 남한 측 주민에 대한 아무런 배려없이 무단 방류 행위를 반복해 왔고, 우리 정부는 이에 대한 외교적인 조치는 물론이고 재난방지 시스템을 제대로 관리하지 않는 등, 남북이 공유한 하천임에도 불구하고 임진강을 소홀히 여겼던 것입니다.

우리는 여기서 북한의 호전성과 야만성을 비난하며, 국제법 위반을 거론하고, 사과를 요구하면서 명분을 앞세운 기 싸움을 할 수도 있습니다. 하지만, 그것은 미래를 내다보는 지혜로운 방법이 아닙니다. 전문가들은 북한이 이 사건 이후 무단 방류의 원인을 이처럼 신속히 해명한 것은 매우 이례적인 일이라고 말하고 있습니다. 이들의 변화된 태도를 긍정적으로 해석하고 대화의 장으로 끌어들여, 강의 공동 관리를 위한 기구를 상설화하거나 아니면 최소한 사전에 통보하는 식의 협약을 맺어, 다음에 올 수 있는 더 큰 재난과 분쟁의 소지를 막아야 합니다.

강을 공유함으로 분쟁과 전쟁이 일어나기도 하지만, 서로 평화롭게 공동 관리하게 될 때에 오히려 강은 이웃나라들을 연결해주고 유대감을 맺게 하는 좋은 도구가 되기도 합니다. 유럽 5개국을 하나로 묶어주는 라인 강의 경우가 바로 그 대표적인 예일 것입니다.

모쪼록 한강과 임진강이 남과 북에게 분쟁의 요소가 아니라, 서로를 더 가까운 이웃으로 만드는 화평의 좋은 도구가 되기를 바랍니다.

전쟁과 평화

한국기독신문 (2017-03)

1914년 6월 28일 사라예보에서 오스트리아의 황태자부부가 한 세르비아 청년에 의해 저격되었습니다. 이 사건은 보스니아 헤르체고비나의 지배를 놓고 세르비아와 오스트리아와 갈등이 첨예화된 가운데 일어난 것입니다. 이 두 나라의 배후에는 범슬라브주의를 앞세우는 러시아와 범게르만주의를 앞세우는 독일의 제국주의가 있었고, 비스마르크 이후 유럽의 맹주로 군림하는 독일을 견제하려 했던 영국과 프랑스제국주의가 자리 잡고 있었습니다.

결국 이 사건을 계기로 1차 세계대전이 일어났고, 3,000만명에 이르는 사상자를 내었습니다. 그러나 이 비참한 전쟁의 교훈을 제대로 읽지 못한 유럽에서는 불과 한 세대가 지나기도 전에 2차 세계대전이 일어났고, 전 세계가 이 전쟁의 소용돌이에 끌려들어가면서 약 6억명이 목숨을 잃는 전무후무한 비극을 경험하게 되었습니다.

　돌아보면 세계의 역사는 전쟁의 역사라고 해도 과언이 아닙니다. 전쟁이 일어날 때, 거기에는 항상 명분과 정당성이 강조되었습니다. 정치인들은 영토, 민족, 이념, 자국의 안전, 전략적 가치 등등 나름대로 명분을 내세우면서 이 전쟁이 꼭 필요한 것처럼 선전을 했지만, 대부분이 해서는 안 되는 전쟁들이었습니다. 그리고 그 전쟁의 피해자는 군인보다도 오히려 선량한 시민들이었습니다.

　대개 전쟁이 발발할 때는 어떤 특정한 사건이 직접적인 원인이 되지만, 대부분은 그보다 본질적인 동기를 갖고 있습니다. 그것은 호전적인 정치인들이고 평화의 가치를 모르는 극우세력들입니다. 평화주의자들의 목소리가 작아지고, 이들의 목소리가 커지면서 거짓말과 선동이 난무하고 언론이 여기에 부화뇌동하면서 일반국민들도 점차로 분별력을 잃어가게 됩니다.

　지금 세계에서 가장 전쟁의 잠재적인 가능성을 가진 곳이 바로 우리가 살고 있는 한반도입니다. 남한과 북한은 지구상의 유일한 한민족이지만 이념으로 대립하면서 총부리를 겨누고 있습니다. 남한과 북한은 적이면서 동시에 하나가 되어야할 민족입니다. 이 두 가지의 어느 하나도 무시할 수 없지만, 어느 쪽을 강조하느냐에 따라 생각은 달라집니다.

　북한은 말할 나위도 없고, 우리나라 안에도 호전적인 사람들이 많습니다. 북한을 철저한 적으로만 여길 뿐, 같이 공존해야할 평화의 대상자로 여기지 않습니다. 특별히 기독교인들 중에는 일반인들보다 한걸음 더 나아가서 북한정권을 마귀집단으로 치부하는 사람들도 많습니다. "마귀집단일진대 이것은 전쟁과 타도의 대상이지 타협과 대화의 대상이 될 수 없다. 이것은 잘못된 것이다!" 이런 극단적인 생각을 신앙으로 여깁니다.

우리국민 모두는 한반도에서 다시는 전쟁이 일어나서는 안 된다는 분명한 원칙에 서있어야 합니다. 전쟁도 불사한다는 사고방식에서는 작은 군사적 충돌이 전면전으로 발전할 수 있습니다. 그러나 전쟁은 우리와 우리 자녀세대 모두를 불행하게 하는 길입니다.

우리가 전쟁하지 않으려면 평화공존을 위한 노력을 기울여야 합니다. 그것은 끊임없이 대화와 교류를 해나가는 것입니다. 상대방을 대화의 파트너로 인정하고 지혜를 모아 교류의 채널을 확대해 가야 합니다. 그동안 정부는 군사적인 정치적인 사건을 빌미로 민간교류를 단절시키는 일을 반복했습니다. 그러나 장기적인 평화통일을 위해서는 정치적인 사안과는 별도로 민간교류의 창구는 닫는 일이 없이 지속시켜야 합니다.

한국교회는 평화를 위해 무엇을 해야 할 것인가를 누구보다도 깊이 생각해야 합니다. 예수 그리스도는 평화의 왕이시기 때문입니다. 독일교회가 동서독 갈등의 화해자로 서면서 평화로운 통일의 주역이 된 것 같이, 한국교회도 한반도에 내재하는 무수한 갈등의 화해자로 서면서, 평화로운 통일을 이루는 평화의 사도가 되어야 할 것입니다.

독일통일 20주년을 맞이하여

CTS (2010-09)

올해로 독일은 통일 20주년을 맞이합니다. 1989년 11월 9일 베를린 마우어라고 하는 동서독장벽이 붕괴되었고 그 다음해 10월 3일 독일은 마침내 통일을 이루었습니다. 지난 20년간 동서간의 극심한 격차와 갈등에도 불구하고 독일은 사회통합 작업을 착실하게 일구어 안정된 나라로 안착시켰고 이로 인하여 인구 8천만의 강한 국가로 새롭게 거듭나면서 유럽을 넘어서 세계에 강력한 리더십을 행사해가고 있습니다.

세계 유일의 분단국가로 통일의 과제를 안고 있는 우리나라에서는 올해 독일통일 20주년과 관계된 많은 행사들이 준비되어있고, 특별히 기독교계에서도 많은 관심을 갖고 있습니다. 먼저 이루어진 독일의 통일과 그 이후의 사회통합과정에서의 성공과 실패들은 한편으로는 좋은 교본으로 또 다른 한편으로는 반면교사로서 중요한 역할을 할 수 있을 것입니다.

베를린 장벽이 무너진 결정적인 계기는 당시 동독 정부 대변인인 귄터 샤보브스키가 "일반인들의 여행 제한을 해제할 방침"이라는 정치국의 결정을 놓고 기자들에게 "(이 방침을) 즉시 시행한다"고 잘못 설명한 것이었습니다. 이 소식을 들은 동독 주민들은 서독으로 몰려들었고, 베를린 장벽은 그 순간 역사의 유물로 바뀐 것입니다.

그러나 통일이 이러한 해프닝으로 갑자기 찾아왔다기보다는, 오히려 오래전부터 통일을 준비하는 서독인들의 노력이 꾸준히 이어져왔고, 이를 통한 통일의 여건들이 무르익어갔을 때에 그 열매를 따게 되었다고 보는 것이 옳을 것입니다.

서독은 두 차례 세계전쟁과 유대인 대학살의 과오를 자각하고 철저한 반성을 통하여 과거사청산작업을 실행에 옮겼고, 확고한 평화 의지를 보이며 우선 미국, 영국, 프랑스등 서방의 신뢰를 회복하였습니다.

아울러 빌리브란트수상이후 동방정책을 앞세우며 소련을 비롯한 동유럽과의 관계회복을 위해 노력하였습니다. 브란트총리가 폴란드를 방문하여 바르샤바 전쟁희생자 위령탑 앞에 무릎을 꿇은 사건은 화해를 위한 독일의 의지를 전 세계에 보여준 것이었습니다. 이처럼 신뢰회복을 위한 독일의 외교적인 노력은 마침내 때가 왔을 때에 서방의 우방들은 말할 나위도 없고, 동독의 종주국이었던 소련의 고르바초프의 동의와 승인을 받아냄으로 통일이라는 거대한 결실을 일구어내게 된 것입니다.

그러나 주변국가들과의 관계발전보다 더 중요했던 것은 서독인들의 통일을 위한 오랜 노력과 인내입니다. 특별히 독일통일에 있어서 서독교회가 결정적인 역할을 했다는 데에는 이론의 여지가 없습니다. 우선 서독의 서너개 교회들이 동독의 한 교회를 유지시키는 시스템으로, 동독의 교회를 돕는 일에 각 교회가 재정적인 헌신과 지원을 아끼지 않았습니다.

나아가 정부와 협력하여 보다 깊은 통일사역에도 적극적으로 관여했습니다. 최근 우리나라 통일부장관이 독일의 프라이카우프(Freikauf)를 본받아 북한의 납북자나 국군포로문제를 적극적으로 해결해보겠다는 의지를 보였습니다. Freikauf는 1963년부터 서독이 서독 일인당국민 소득의 5~12배 되는 돈을 지불하여 동독의 반체제인사 한 사람을 사오는 것을 말하는데, 이를 위해서 서독은 총 2조7천억원에 해당하는 현금과 물자를 동독에 지불했습니다. 양쪽 정부당국자가 이 프로젝트를 주도하는 것이 불편하므로 교회라는 통로를 이용했고 교회는 이 제의를 거절하지 않고 적극적으로 현금과 물품을 전달하는 역할을 하였습니다. 이러한 돈들이 동독으로 들어가 무기를 구입하는데 사용되는 것이 아니냐는 비판도 있었겠지만, 독일인들은 통일을 향한 장기적인 눈을 갖고 다방면의 교류를 위한 값을 기꺼이 지불하려고 했던 것입니다.

비록 우리와 여건은 다르지만, 통일을 이루는 데는 멀리 내다보는 안목, 그리고 꾸준한 노력과 인내가 필요하다는 것만큼은 독일이나 우리나라나 대동소이할 것입니다. 무엇보다도 통일을 위해 기도와 수고를 아끼지 않았던 독일 교회와 같이 우리 교회들도 통일을 위해 더욱 많이 기도하고 보다 적극적인 역할을 감당할 수 있기를 바랍니다.

독일교회에서 배울 통일의 길

한국기독신문 (2018-09)

　독일은 분명 우리와는 다른 나라입니다. 역사도 다르고 지정학적인 상황도 다르고 분단의 동기나 과정도 다릅니다. 그러므로 독일 통일이 우리에게 교본이 될 수 없습니다. 그럼에도 불구하고 우리는 독일의 통일을 연구해야 합니다. 왜냐하면 지구상에서 우리와 같이 한 민족이 외세와 이념으로 인해 분단되었다가 먼저 통일을 이룬 유일한 나라이기 때문입니다. 그런 점에서 염돈재교수가 독일과 한반도가 통일여건 상으로 많은 차이점이 있으나, 통일의 성과나 편익 측면에서 볼 때 독일통일은 한반도 통일을 위한 가장 적합한 모델이 될 수 있다고 한 말은 일리가 있습니다.

　독일 통일은 우리에 교과서는 될 수 없지만, 중요한 참고서가 될 수 있습니다. 여러 참고서 중의 하나가 아닙니다. 다른 참고서와는 비교할 수 없는 탁월한 참고서입니다. 그러므로 먼저 통일의 과제를 앞둔 우리들은 독일통일의 과정을 연구해야 합니다.

많은 사람들이 독일의 통일에 대한 오해가 있습니다. 마치 거저 온 것처럼 생각합니다. '소련연방이 해체되고 동구권이 무너지면서 동독정권이 와해되고 그래서 서독에 자연스럽게 흡수된 것이다.' 마치 서독이 앉아서 굴러들어온 떡을 먹은 것처럼 생각하는 것입니다. 이처럼 독일통일을 단순화시켜서 나이브하게 생각하는 사람들은, 우리나라의 통일에 대해서도 동일한 환상을 갖게 됩니다. '머잖아 북한정권이 무너질 것이고, 그러면 자연히 우리나라가 흡수하여 통일을 이룰 것이고, 그러면 우리는 통일강국을 이루게 될 것이다.'

그러나 독일 통일은 저절로 된 것이 아니고, 어느 날 갑자기 동독이 붕괴해서 자연스럽게 서독으로 흡수된 것도 아닙니다. 통일을 위해서 오랜 세월 꾸준히 인내하며 노력하더니, 마침내 때가 왔고 그 기회를 놓치지 않은 결과로 이루어진 것입니다. 그런 준비가 바탕이 되어있었기에 독일은 통일 이후에 필연적으로 찾아오는 다양한 통일의 후유증들을 잘 극복하고 마침내 안정된 강대국으로 유럽의 중심에 서게 된 것입니다. 남북통일에는 독일통일보다도 더더욱 어렵고도 복잡한 길이 놓여 있습니다. 그러므로 우리는 나이브한 생각과 언행을 버리고 통일에 대해서 진지하게 숙고할 필요가 있습니다.

특별히 한국교회는 다른 무엇보다도 독일통일에 있어서 교회의 역할에 주목해야 합니다. 독일교회는 통일과정에서 매우 큰 역할을 했습니다. 서로간의 상황이 다르기에 독일교회가 한 일을 우리가 그대로 답습할 수는 없지만, 적어도 동일한 분단 상황에서 그들이 지향했던 것, 그들의 자리매김, 그들의 노력과 헌신 속에는 우리가 배우고 숙고할 점이 많을 것입니다.

　독일교회는 1,2차 세계대전의 과정에서 많은 과오를 저질렀습니다. 황제 빌헬름 2세가 1차세계대전을 일으키려 했을 때에 독일 최고의 지성인 93명이 그의 전쟁정책을 지지하는 성명서를 발표했습니다. 그 중에는 하르낙을 비롯해서 당대 신학계와 교계의 지도자들이 대거 포함되었는데, 이들은 이 전쟁이 기독교문명의 방어에 필요한 것으로 간주한다고 했습니다.

　그리고 패전했지만, 독일교회는 전쟁에 담긴 탐욕과 파괴성을 심각하게 깨닫지 못했습니다. 권위주의에 익숙했던 교회의 지도자들은 자유와 민주주의를 표방한 바이마르공화국에 대해 매우 비판적이었고, 도리어 루터르네상스를 일으키면서 민족주의를 북돋우는데 앞장섰습니다.

　그런 가운데 1933년 우익수구정당인 나치당의 히틀러가 집권하면서 반자유주의와 반공주의, 그리고 민족주의와 인종주의를 표방할 때에 많은 기독교지도자들은 열렬히 환영했습니다. 그들은 독일그리스도인(Deutsche Christen)이라는 교단을 만들어 히틀러의 유대인말살과 전쟁정책의 후견인이 되었습니다.

　이에 반대하는 소수의 그리스도인들은 고백교회를 세워 히틀러에 대항했고, 1934년 부퍼탈의 바르멘교회에 모여 국가와 교회의 복음적인 관계를 정립한 바르멘선언을 선포했습니다. 모두 6개항으로 된 이 바르멘선언은 교회와 국가의 구별된 역할과 한계를 분명히 함으로 교회의 무분별한 정치화를 경고하고 있습니다. 아울러 국가 역시 주님의 주권아래 있음을 강조하면서 이원론적인 사고에서 나오는 정치적 무관심과 무책임을 비판하고, 교회의 건강한 정치적인 책임의 방향을 제시하고 있습니다. 나치 시대에 박해를 받았던 이 바르멘선언은 2차 대전 이후 독일교회가 지향하는 기독교사회윤리의 근간이 되었습니다.

독일교회는 이 두 차례의 큰 전쟁을 거치면서 전쟁의 참혹함과 아울러 평화의 소중함을 누구보다도 **뼛속 깊이** 깨달았습니다. 이후 평화는 독일교회가 나아가는 데 가장 중요한 방향키가 되었습니다. 자녀들에게 평화를 교육하고 교인들에게 평화를 설교하며 아울러 국가에 평화를 지향하는 정책을 요구했습니다. 독일교회는 동독과 동유럽을 대하는데에서 이런 평화주의적 태도를 단호하게 견지했고, 그것이 독일통일에 큰 밑거름이 된 것입니다.

큰 대전이 끝난 후 평화가 올 줄 알았건만 유럽은 미국과 소련을 중심으로 동서로 나눠지고 대치하면서 또 다시 전쟁의 위기 가운데 서게 되었습니다. 그리고 그러한 동서유럽 대립의 최전선이 바로 분단독일이었고, 1961년에 세워진 베를린장벽은 냉전의 아이콘이 되어 버렸습니다.

이런 가운데 평화를 앞세웠던 독일교회는, 미국이 주도하는 서방의 일방적인 냉전논리에 동조하지 않았습니다. 물론 냉전논리에 충실한 보수적인 루터주의자들이 있었지만, 시간이 지나면서 그들의 영향력은 약화 되었고, 다수의 목회자들이 바르멘선언의 노선을 지향하여 동서화해와 이념갈등의 극복을 위해 힘썼습니다.

동서독 양쪽 교회들은 분단에도 불구하고 1945~69년까지 독일개신교교회협의회(EKD)라는 하나의 조직 안에서 공존하고 있었습니다. 그러다보니 서로 간에 많은 만남과 교류를 추진하였고, 이들이 하나됨을 유지하려고 하는 노력은 자연스레 통일을 갈망하게 했습니다.

이러한 독일교회의 움직임을 경계하면서 동독정권은 1969년 동독교회를 EKD와 분리시켜 동독개신교연맹(BEK)으로 묶으면서 서독교회와의 교류를 단절시켰습니다. 아울러 동독 내에서 기독교인들은 공산당원이 되지 못하게 하는 등 무언의 압력을 통해서 교회를 고사(枯死)시키는 정책을 펼쳐갔습니다. 수많은 교인들이 이탈하는 가운데 동독교회는 생존을 위한 몸부림을 쳐야했습니다. 이런 상황에서 동독의 교회들은 자신들을 사회주의와 공존과 비판을 겸하여 갖는 소위 '사회주의 안에 있는 교회'로 칭하면서 조심스럽게 자리매김을 했습니다.

　이때 서독의 교회의 반응이 매우 중요했습니다. 얼마든지 색깔론을 뒤집어씌워 동독교회를 빨갱이교회로 매도하면서 교류를 단절할 수 있었을 것입니다. 당시 냉전시대에는 그렇게 분명한 태도를 취하지 않으면 도리어 오해받을 수 있는 상황이었습니다. 그러나 서독교회는 동독교회의 처사를 비난하거나 매도하기 보다는 사회주의정권 아래서 그들이 가질 수밖에 없는 특수한 현실을 이해하고 인정해주었습니다. 그리고 서로의 관계를 '특수한 공동체'(Die besondere Gemeinschaft)라는 이름으로 부르면서 주어진 상황에서의 연합과 일치를 추구했습니다. 이것은 서독교회가 자신을 '자본주의 안에 있는 교회'로 생각하지도 않았을 뿐 아니라, 자신이 몸담고 있는 자본주의라는 사회체계를 절대화하지 않았기 때문입니다. 다시 말하면 그들은 하나님의 교회가 모든 정치이념을 뛰어넘어 서 있는 것임을 분명히 인식했었던 것입니다.

　서독교회는 이처럼 주어진 상황에서 우선 동독교회와 성경과 예전의 일치를 추구하는 등 비정치적인 분야에서의 연합을 통해 한 교회로의 동질성을 유지해가려고 힘썼습니다. 아울러 성경적 가치를 앞세워 평화운동을 전개하면서 여기에 동독의 동참을 유도했습니다. 서독교회는 1958

년 EKD 총회에서 핵무장에 대한 반대의 입장을 분명히 밝혔고, 1970년대를 지나면서 철저한 반전, 반핵의 입장을 취함으로 핵 평화주의를 그리스도인의 평화사역으로 받아들였습니다. 바르샤바조약국들이 소련의 핵미사일로 무장한 것을 대비하여 1979년에 미국이 퍼싱 II 중거리 미사일을 독일에 배치하려고 하자, 독일교회는 이러한 핵무기 배치에 단호히 반대하면서 평화운동을 벌렸습니다. 이때 동독의 교회들 역시 동독내의 핵무기배치에 반대하는 운동을 하면서 반핵평화운동에 동참하였습니다.

또한 실질적으로 서독교회들은 동독교회를 유지시키기 위해 동독목회자들의 생활비와 교회운영비를 지원하였습니다. 대략 3개의 서독교회가 한 개의 동독교회를 책임지도록 했습니다. 그래서 교회를 박해하면서 문 닫기를 바랐던 사회주의정권아래서 동독교회가 그 명맥을 유지하도록 도와주었습니다.

이러한 서독개신교회의 평화를 위한 노력은 시간이 가면서 서독과 동독 양정권의 신뢰를 얻어갔습니다. 그러는 가운데 서독정권이 동독주민의 인권을 위해 전개한 프라이카우프(Freikauf)의 다리 역할을 요청받게 되었습니다. 이 프라이카우프는 동독이 자신의 감옥에 수감 중인 반체제 인사 즉 정치범들과 그들의 가족들을 서독으로 보내는 대신, 서독은 이에 상응하는 돈을 동독에 지불하는 거래였습니다. 실제로 1962년부터 1988년까지 정치범 3만 3천여명과 그 가족 25만여명을 서독으로 데려왔고 이를 위해 서독은 약 1조 8천억 원 상당의 금품을 동독에 지불하였습니다. 그러나 이것은 동독정부의 대내외적인 입장을 고려해서 아주 비밀리에 진행해야했습니다. 그러므로 양쪽 정부는 이 일을 서독의 개신교회에 부탁했고, 교회가 그 주도적인 역할을 맡았던 것입니다. 이것은 서독교회가 그만큼 그 사회 속에서 깊은 신뢰를 받고 있었음을 방증하는 것이고, 가장 중요한 부분에서 통일의 가교역할을 하였음을 말해주는 것입니다.

이렇게 동서독교회가 꾸준히 동역관계를 유지하는 가운데 80년대에 들어오면서부터 동독교회들이 동독민주화운동의 중심지로 떠오르기 시작했습니다. 목회자들이 인권과 민주를 앞세우면서 반정부집회와 사회개혁의 리더가 되었습니다. 2017년까지 독일대통령직을 맡았던 가우크(Gauck) 역시 과거 동독의 개신교 목회자이며 인권운동가였습니다.

특별히 라이프찌히 니콜라이교회에서 1982년부터 매주 평화를 위한 기도모임이 열렸습니다. 당시 이 기도모임을 주도했고, 2015년 내한했던 보네베르거목사에 의하면, 1982년에 시작한 월요기도회에서는 반전운동을 비롯해 인권, 여성, 환경 문제 등에 대한 기도가 드려졌습니다. 여기서는 동독 정부의 독재정치에 반대 목소리를 내고 사회적 이슈에 대한 토론회를 진행하는 등 교회의 사회적 참여와 책임의 중요성이 강조되었습니다. "성니콜라이교회 월요기도회에서는 기도만 드려진 것이 아닙니다. 국민들은 '교회'라는 지붕 아래서 동독 독재 정치에 항거하는 목소리를 냈고, 정치적 이슈를 놓고 토론회를 벌이기도 했습니다." 이처럼 니콜라이교회는 동독의 민주주의를 키워가는 중요한 모태의 역할을 했던 것입니다.

이 교회에서의 집회는 1989년부터는 무언의 촛불시위로 발전해 갔는데, 그 수가 점차로 늘더니 마침내 12만명이 넘는 사람들이 참여하는 대규모 시위가 되었습니다. 그리고 그 시위는 전국적으로 확산되었고 그 결과는 당시 동독 수상인 호네커의 실각으로 이어지게 되었습니다. 결국 다양한 대내외의 요인이 있었지만, 동독정권이 무너지는데 결정적 역할을 한 것은 성 니콜라이교회를 중심으로 일어난 촛불시위였던 것입니다. 베를린장벽이 무너진 뒤 동독정권은 선거일정을 앞당겼고, 그 선거에서 동독 국민 다수가 서독과의 즉각적인 통일을 앞세운 정당을 선택했습니다. 이렇게 해서 세워진 동독정권이 서독의 콜정권과 합의한 가운데 1990년 합법적인 통일이 이루어지게 된 것입니다.

이처럼 동독교회는 그야말로 가장 격동적인 시간에 통일의 주역으로서의 역할을 했습니다. 그리고 그것이 가능했던 것은 오랜 세월 이 연약한 동독교회를 품고 무언의 영향을 미쳤던 서독교회의 절제된 인내와 헌신과 각고의 노력이 있었기 때문입니다.

아직 분단국으로 남아있는 한국의 교회는 이런 서독교회의 평화와 통일을 위한 수고로부터 귀한 교훈을 얻을 수 있을 것입니다. 우리 교회 역시 남북분단이라는 특수한 역사적인 상황 속에서 평화와 통일의 가교 역할을 해야 할 사명을 갖고 있습니다.

이를 위해 우리는 절제된 인내를 갖고 멀리 내다볼 수 있어야 합니다. 교회는 세상의 특정한 정치이념이나 정치체제에 갇혀있지 않고 그 모든 것을 철저하게 비판하고 또한 철저하게 상대화할 수 있기에 오히려 항상 평화의 가교역할을 할 수 있습니다. 우리교회가 이 시대에 통일의 장애물이 아니라, 마중물이 되고, 통일을 잇는 다리 역할을 할 수 있기를 염원합니다.

10. 환경을 돌아보는 신앙

- 신앙과 자연보존 그리고 나눔
- 지구환경을 생각하며
- 창조환경의 청지기적 책임
- 물의 소중함
- 나폴리와 함부르크
- 생활폐기물을 줄이자

신앙과 자연보존 그리고 나눔

CTS (2013-06)

　오늘날 우리가 사는 시대에 가장 큰 화두 두 가지를 말한다면 환경보존과 사회정의입니다. 지금도 세계 곳곳에서 이 두 가지의 문제를 갖고 때로는 싸우고 때로는 머리를 맞대고 있습니다. 어떤 나라가 선진국입니까? 선진국의 잣대는 바로 이것입니다. "환경보존을 잘하고 있는가?" 그리고 "그 사회가 과연 정의로운 사회인가?"

　먼저는 환경 문제가 중요합니다. 인류생존의 위기감을 시각으로 표현하는 환경위기시계가 있습니다. 최적합 환경 상태를 0시로, 그리고 '인류생존이 불가능한 마지막 시간'을 12시로 하고 지금의 환경상태를 그 사이에 시간으로 표시하는 것입니다. 이 시계에 의하면 지구 대부분의 나라들이 9시를 넘어서서 '매우 불안함'의 단계에 들어가 있습니다. 우리나라는 현재 9시 32분입니다. 환경의 위기 속에서 살아가고 있는 것입니다.

다음으로 정의의 문제가 중요합니다. 여기서 사회적인 정의란 정치적인 자유와 공정한 법집행만을 의미하지 않습니다. 경제정의 즉 배분의 문제가 중요합니다. 지구상에는 정교한 복지정책을 통해 어느 정도 사회 정의를 세운 나라도 있고, 전혀 그렇지 못한 나라도 있습니다. 그러나 전 세계적으로 보면 빈부의 격차는 심각한 수준에 와있습니다. 이것이 해소되기 보다는 오히려 더 심화되어 가고 있는 현실입니다.

하나님은 이미 이스라엘이 가나안에 들어가기 전부터 이 환경보호와 사회정의 문제를 일깨워주셨습니다. 이것이 6년 동안은 부지런히 농사를 짓고, 7년째는 경작을 쉬라 라는 안식년제도 속에 고스란히 담겨있습니다.

안식년은 특별히 땅의 쉼을 위한 것입니다. "일곱째 해에는 그 땅이 쉬어 안식하게 할지니 여호와께 대한 안식이라"(레25:4) 땅이 쉬어야 합니다. 그럴 때에 자연이 건강하게 순환되고 창조질서가 보존됩니다. 그러나 인간의 탐욕은 이런 창조원리를 거스려, 땅을 혹사시킵니다. 쉼을 갖지 못한 땅은 점점 산성화되어 생산력이 현저히 떨어질 뿐 아니라, 온갖 벌레들이 기승합니다. 그것을 만회하려고 사람들은 어리석게도 화학비료를 쏟아 붓고 살충제를 뿌려댑니다. 그것은 고스란히 우리 인간의 먹거리를 오염시키는 결과로 나타납니다.

땅에게 필요한 것은 비료와 살충제가 아니라, 쉼입니다. 안식을 통해 자연이 스스로를 순화시키도록 시간을 주어야 합니다. 안식년을 지키려 한다면 하나님은 여섯째 해에는 삼년치의 소출이 나도록 해주겠다고 약속하셨습니다. 그러니까 자연과 환경을 지키는 것이 경제적으로도 결코 손해나는 일이 아니라는 하나님의 가르침입니다. 우리는 이것을 귀 기울여 들어야 합니다.

또한 이 안식년에 경작을 하지 않는 가운데 저절로 자라나는 곡식은 땅의 주인뿐 아니라, 남종과 여종과 품꾼과 함께 땅 없는 나그네들 그리고 가축과 들짐승들이 다 나누어먹으라 명하십니다. 그래서 이 안식년의 소출은 가난한 자들에게 중요한 식량의 원천이 되었습니다. 하나님은 안식년을 통해서 이런 소외된 자들을 돌아보시며 또한 가축과 들짐승까지 배려하시는 것입니다. 이것은 이스라엘 사회 속에 경제정의와 공의를 이루시려는 하나님의 뜻이었습니다.

오늘날 세계는 이러한 공의를 잃어가고 있습니다. 한쪽은 먹을 것, 입을 것이 풍요로워 쓰레기가 넘쳐나고 있는 반면 다른 한쪽은 빈곤의 악순환으로 허덕이고 있습니다. 세계 10억명의 사람들이 하루 천원 미만으로 살아가고 있습니다. 하나님은 이러한 자들이 보다 더 인간답게 살아갈 수 있기를 원하십니다. 그리고 그것은 바로 가진 자들의 나눔에 의해 가능해지는 것입니다. 우리나라 역시 이제는 가진 자에 속합니다. 항상 우리 이웃과 세계 저편의 약한 자들을 돌아보고 돕기를 실천할 수 있기를 바랍니다.

지구환경을 생각하며

한국기독신문 (2018-09)

몇 년 전 YWCA 자문위원들과 함께 통영의 연대도를 방문했습니다. 약 80명 정도가 사는 이 섬은, 구석구석을 참 아름답게 꾸며서 볼거리도 많았지만, 무엇보다 화석에너지가 전혀 없이 오직 자연에너지로 자급자족하는 친환경마을로 잘 알려졌습니다. 특별히 폐교를 개조해서 만든 '연대에코아일랜드 체험센터'는 아주 인상적이었습니다. 자전거, 운동기구 등이 모두 전기를 생산하도록 만들어져 있고, 태양의 반사광을 이용해 오징어 등 음식을 구워먹을 수 있게 했습니다.

더욱 놀란 것은 센터 내부 시설의 냉난방을 자연에너지로 사용하는 것이었습니다. 우선 건물 자체가 에너지를 절약하는 패시브하우스로 건축되어 벽을 아주 두껍게 하고 단열재를 잘 써서 외부의 차가나 더운 공기가 내부로 유입되지 못하게 지어져 있었습니다. 천장에서 에어컨 바람이

나오는 줄 알았는데, 사실은 지하 100m를 파서 그곳의 약 16~18℃ 정도 되는 공기를 끌어올려 여름에는 냉방으로 겨울에는 난방으로 사용하고 있었습니다. 핵이나 화석에너지를 대체할 수 있는 자연 에너지 개발이 정말 가능하다는 것을 다시 한 번 생각하게 되었습니다.

사실 환경의식이 높은 유럽에는 이런 에코 마을들이 많이 형성되어 있습니다. 탄소제로 도시로 불리는 독일 남부 프라이부르그시의 보봉(Vauban)마을이 가장 대표적입니다. 5천명 정도가 사는 이 마을은 많은 집들을 패시브하우스로 짓고 태양광을 설치하였습니다. 그래서 에너지 사용을 최대한도로 줄이면서, 전기를 자체 생산하여 외부에 팔아 수익을 올리고 있습니다.

지금 세계 곳곳은 환경문제로 어려움을 겪고 있으며, 미래에 반드시 오게 될 환경재앙에 대한 염려의 목소리가 커지고 있습니다. 우리 역시 과거와 달리 공기와 땅과 물 모두가 오염이 되면서, 숨쉬기에 어려움을 겪고 있고, 식수와 식자재 문제에 예민해지고 지구가 더워지는 현상을 피부로 느끼고 있습니다.

환경학자들은 앞으로 지구온난화현상은 가속화될 것이며, 이로 인해 우리가 속한 동아시아의 경우 21세기 말에는 평균기온이 2.4℃ 상승하고 강수량은 7% 증가할 것이라고 합니다. 이런 기후변화로 인하여 홍수로 인한 사회기반시설 파괴, 가뭄으로 인한 물과 식량 부족, 폭염으로 인한 피해가 클 것으로 전망하고 있습니다.

2008년 영국의 경제·환경·에너지 전문가 10명으로 구성된 '그린 뉴딜 그룹'은 오늘날 지구 온난화와 같은 위기를 뚫고 인류가 생존하려면 75년 전 대공황에서 세계경제를 구한 루스벨트 대통령의 뉴딜정책보다

급진적이고 포괄적인 대책이 필요하다고 했습니다. 이들이 제시한 해법의 핵심이 되는 것은, 화석연료를 줄이고, 재생과 자연에너지를 사용하는 것입니다.

이러한 바람들이 확산되어 2015년 195개국이 모여, 온실가스배출을 감소하여 지구온도가 산업혁명 이전보다 2도 이상 높아지지 않도록 하자는 파리 협약을 체결했습니다. 그러나 유감스럽게도 세계에서 두 번째로 온실가스배출량이 많은 미국의 트럼프가 자국이익을 앞세우고 탈퇴를 선언하면서 환경을 위한 인류의 노력은 다시금 어려움을 맞게 되었습니다. 정말 무책임한 일입니다.

환경문제는 지금 이 환경 속에서 사는 우리만의 문제가 아니라, 우리의 후손을 위한 문제입니다. 우리의 편리와 욕심을 앞세우면서 자연을 오염시키고 자원을 낭비할 때에, 그것은 우리의 자녀와 후손들을 비참한 환경 속으로 밀어 넣는 것과도 같은 것입니다.

무엇보다도 그리스도인은 이 세상이 우연히 생겨난 '자연물'이 아니라, 하나님 아버지의 손으로 창조하신 '창조물'임을 고백하는 하나님의 자녀들입니다. 하나님은 세상만물을 만드신 뒤에 "좋았더라" 말씀하시며 가장 아름답고 완벽한 창조의 세계임을 선포하셨습니다. 그리고 마지막에 그의 형상을 따라 만든 우리 인간에게 이 모든 창조세계를 보살피고 돌보는 일을 위탁하셨습니다. 이것은 우리의 소중한 사명입니다. 그러므로 그리스도인들은 이 환경위기의 시대에 어느 누구보다도 환경에 대한 관심과 책임의식을 갖고 하나님의 창조세계를 보존해가기 위해 힘써야 할 것입니다.

창조환경의 청지기적 책임

CTS (2013-04)

하나님은 세상 만물을 만드시고 인간에게 이런 명령을 주셨습니다. "생육하고 번성하여 땅에 충만하라, 땅을 정복하라, 바다의 물고기와 하늘의 새와 땅에 움직이는 모든 생물을 다스리라"(창 1:28)

일부 그리스도인들이 '다스리라'는 말을 '자연을 정복하고 편리하게 사용하라'는 의미로 곡해해서 자연을 무자비하게 이용하고 훼손하는 잘못을 저지르기도 했습니다. 그러나 본래 이 말씀은 하나님의 아름다운 창조물을 그의 청지기가 되어 잘 가꾸고 보존하라는 명령입니다. 청지기로서 우리가 할 수 있는 가장 좋은 것은 무엇인가요? 가급적 자연을 있는 그대로 보존해주는 것입니다. 자연을 자연의 자리에 놓는 것입니다. 개발의 명목, 인간의 편의를 앞세워서 훼손하는 것을 가급적 피해야 합니다.

인간의 삶은 자연과 함께 하는 삶입니다. 자연은 인간의 삶의 터입니다. 인간은 그 속에서 자연과는 다른 문화라는 것을 발전시켰습니다. 목축도 하고, 농사를 지으면서 농기구를 발전시키고, 집도 짓고 성도 짓고, 자연을 보면서 시를 쓰고, 악기를 만들어 연주도 했습니다. 이런 농경사회에 인간은 자연과 함께 호흡하는 법을 알았습니다.

그러나 산업혁명은 모든 것을 변화시켰습니다. 도시화로 인해 사람들은 자연과 분리되어 살게 되었습니다. 무엇보다도 석탄, 석유등 화석 연료의 사용은 인간에게는 편리한 것이었지만, 자연에게는 치유하기 힘든 상처를 주었습니다. 전 세계에서 뿜어내는 이산화탄소와 프레온가스는 오존층을 파괴하면서 다양한 기후의 변화를 가져오게 했습니다. 넘쳐나는 쓰레기와 중금속폐기물 등으로 땅과 물이 오염되고 있습니다.

그러나 이보다 더 심각한 일이 일어났습니다. 1939년부터 우라늄 핵분열이 발견되면서 핵에너지 시대가 열린 것입니다. 우라늄235가 1g의 소량이 완전 핵분열 했을 때 나오는 에너지는, 석유 9드럼이나 석탄 3t이 탈 때 나오는 에너지와 맞먹으니 얼마나 매력적입니까!

그러나 핵에너지의 위험에 대한 심각한 인식이 필요합니다. 일반 쓰레기와는 달리 핵분열 뒤 남은 방사성폐기물은 수 천 년 동안 방사능을 방출하면서 생물에게 심각한 해를 입힙니다. 아울러 인간은 아직 이 방사성폐기물을 영구히 폐기하는 방법을 찾지 못했습니다. 대부분 임시저장소에 저장하고 있지만, 수 천 년 사이에 무슨 일이 벌어질지 아무도 모릅니다.

그런데 많은 사람들이 핵무기 비난에는 입을 모으면서도, 핵의 평화적사용에는 아무런 문제가 없는 것처럼 생각합니다. 그러나 그것이 얼마나 나이브한 생각인지 체르노빌과 후쿠시마가 우리에게 분명히 가르쳐주고 있습니다. 핵발전소는 결코 안전지대가 아닙니다. 핵폐기물들은 우리가 사는 땅을 심각하게 오염시키고 있습니다.

이 부분에서 핵정책을 논하기 이전에 우리의 삶을 돌이킬 필요가 있습니다. 우리나라 일인당 물 소비량은 덴마크의 3배이고 에너지 소비는 독일보다 30%가 많습니다. 지금 원전으로 생산하는 전기가 전체의 30%인데, 만일 우리가 에너지소비를 30% 줄여 독일사람 수준으로 낮추고 대체에너지 개발에 힘을 쓴다면, 원전을 폐쇄하는 것도 전혀 불가능한 일은 아닐 것입니다. 그렇게까지는 어렵더라도 적어도 고리원전 1호기와 같이 수명이 다해 노후된 원전들은 폐쇄할 수 있을 것입니다.

우리는 여기서 중요한 결론에 도달합니다. 결국 하나님의 창조물을 보호하고 환경을 지켜나가기 위해서는 의지가 필요하다는 것입니다. 어떤 의지입니까? 청빈과 절약, 절제를 통해서 조금 더 불편하게 살려고 하는 의지입니다. 소비가 미덕인 이 시대에, 절약과 절제는 고난일지 모릅니다. 그러나 그것이 바로 우리 그리스도인들부터 실천해야할 십자가의 길입니다. 우리 믿는 사람들부터 먼저 환경을 지키기 위한 십자가를 지고 갈 수 있기를 바랍니다.

물의 소중함

시사칼럼 (2009-03)

　유엔은 '세계 물의 날'을 정하고 사람들이 물문제의 심각성에 눈을 돌리기를 촉구하고 있습니다. 하나님이 창조한 많은 피조물 중에서 물은 참으로 신비하고 특이한 것입니다. '물은 답을 알고 있다'의 저자 에모토 마사루는 물이 살아있는 신비한 물체임을 여러 방면으로 보여 주면서 물을 알면 알수록 신의 존재를 부정할 수 없게 된다고 말했습니다.

　창세기를 보아도 가장 먼저 만들어진 창조물은 물입니다. 그 물이 나누어져서 하늘이 나오고 또 육지가 나옵니다. 또한 물은 생명체의 시작이기도 합니다. 대부분의 생물체가 수분으로 구성되어 있으며, 사람의 몸 역시 70%가 물인 것입니다. 사람이 살아가는데 물만큼 소중한 것이 또 있을까요? 가정에서만 해도 마시고 씻고 목욕하고 세탁하며 더러운 것을 청결하게 하는 등 그 용도는 셀 수 없을 정도입니다.

그런데 그 귀한 물이 지금 지구에서 가장 심각한 문제로 제기되고 있습니다. 생활 오수, 산업 폐수 등으로 물이 죽어가고 있습니다. 물이 부족한 '물 기근국가'나 '물 취약국가'가 점점 늘어나는 추세이며, 현재 가난한 국가의 10억 명 이상이 안전한 식수를 이용하지 못하고 있는 형편입니다.

세계 물 위원회 위원장인 로이크 포숑은 "현재 물 부족이나 물 오염으로 인한 죽음은 전쟁으로 인한 죽음보다 10배나 많다."고 말했고, 21세기는 '물의 시대'로 앞으로 10년 안에 물 값이 원유값 만큼 오르면서 물 전쟁이 일어날 수 있다는 전망을 내놓기도 했습니다. UN은 물 소비 증가 추세가 지금처럼 지속된다면 2025년경에는 18억의 인구가 물이 고갈된 지역에서 살게 될 것이며, 50억 명은 물의 공급이 수요를 충족하기 힘든 지역에 살게 될 것이라고 경고했습니다.

우리나라는 이미 물의 수요가 공급을 넘어서는 '물 스트레스국가'로 분류되고 있습니다. 우리 역시 물 부족 국가라는 사실입니다. 대부분의 강우량이 여름 한철에 집중되면서 겨울에는 가뭄으로 시달리고 있습니다. 올해 경상남도만 해도 80년만의 극심한 겨울 가뭄으로 인해 농민들이 큰 고통을 당했고, 수질도 급격히 저하되고 있습니다.

우리나라는 담수 능력이 부족함에도 불구하고, 물 소비는 거의 세계적인 수준에 도달하고 있습니다. 1인당 하루 평균 물 소비량이 약 400리터로 유럽인들의 2~3배에 이르고 있습니다. 개발도상국의 물 소비량이 하루 몇 리터에 지나지 않는다는 사실과 비교해 볼 때 우리가 깊이 생각하고 반성할 문제가 아닌가 합니다.

국내외의 보고서는 우리나라의 물 사정이 앞으로 더욱 어려워질 것을 경고하고 있습니다. 우리 자녀들 그리고 손자손녀들의 세대는 물로 인한 고통을 피부로 느끼면서 살게 될지도 모릅니다. 일부 나라는 수도 사업의 민영화를 장려하면서 수도료를 높게 책정하여 물 소비 문제를 해결하려고도 했습니다. 그러나 많은 시민단체들은 물을 상품으로 전락시키려 한다는 이유에서 이것을 강하게 반대하고 있으며, 도리어 물에 대한 권리를 인간의 기본권으로 보장할 것을 요구하고 있습니다. 분명 가난한 서민들에게 물을 싸게 사용할 수 있도록 보장하는 것이 국가의 책무일 것입니다.

그러나 다른 한편으로 보면 싼 물 값이 도리어 물에 대한 과소비를 방치하게 만들 수 있고, 그 결과 머지않은 날 우리 모두가 물 고갈로 인한 고통을 겪게 될 수도 있다는 사실을 심각하게 생각해야 합니다. 그러므로 가장 좋은 것은 먼저 우리가 물을 아껴 쓰는 습관을 생활화하는 것입니다. 경제적인 이유는 차치하고라도 이것이 우리 모두와 우리의 후손을 위한 길로 생각하고 한 방울의 물도 소중히 다루어야 합니다.

예수님은 오병이어로 5천명을 먹이시고 그 남은 것을 버리지 말라고 명하셔서 열두 광주리에 가득 채우셨습니다. 오늘날 그리스도인은 이러한 주님의 가르침을 본받아 하나님이 창조하신 세계를 아끼고 보존하는데 최선의 노력을 기울여야 할 것입니다.

나폴리와 함부르크

CTS (2008-07)

얼마 전에 성지순례과정에서 이탈리아의 나폴리를 들릴 기회가 있었습니다. 나폴리는 세계 3대 미항중 하나로 잘 알려져 있고 한번 가보고 싶은 곳이었습니다. 시간이 없어서 자세히 둘러보지는 못했지만, 차를 타고 가면서 본 나폴리는 세계적인 미항이 아니라, 아주 지저분한 도시였습니다. 온 도시에 쓰레기가 널려있었는데, 가이드의 설명으로는 쓰레기 치우는 회사가 파업을 해서 이런 일들이 종종 일어난다는 것입니다. 후에 신문을 통해서 보니 결국은 쓰레기 매립지가 차고 넘치는 가운데 새로운 매립지를 짓지 못하여 일어난 구조적인 문제였습니다.

그런데 재미있는 것은 나폴리의 쓰레기문제를 독일북부의 항구도시인 함부르크가 해결해 주겠다고 나섰다는 것입니다. 나폴리의 쓰레기들은 매일 700t 분량씩 컨테이너에 실려 44시간의 철도 수송을 거쳐 독일의 북부 도시 함부르크에 도착해서 여기서 처리되는 것입니다.

이를 두고, 뉴욕타임스는 "나폴리는 더 이상 지탱하기 힘든 '과거형' 도시이고, 함부르크는 '미래형' 도시"라고 대비했습니다. 나폴리가 자체 매립지 용량을 초과해 쓰레기를 배출하는 반면에 함부르크는 인구가 더 늘어났는데도 쓰레기 배출량은 10년 전보다 줄었습니다. 같은 남유럽국가인 그리스도 쓰레기 대란으로 전국이 몸살을 앓고 있는데, 그 역시 쓰레기 분리수거가 잘 안 됨으로 쏟아지는 과다한 쓰레기와 낮은 재활용률이 원인이라는 것입니다.

우리나라의 경우 1995년부터 시작된 쓰레기 종량제로 인해서 버려지는 쓰레기가 많이 줄어들고 재활용 쓰레기는 큰 폭으로 늘어났습니다. 2006년도 OECD보고서에 의하면 우리나라는 지난 10년 높은 경제성장을 가졌는데, 이에 비해서 쓰레기 증가는 소량에 그쳐서 이 분야에서 다른 회원국에 비해 큰 성과를 거두고 있다는 것입니다. 우리가 조금 불편한 것을 감수하고 쓰레기 분리수거에 동참하였을 때에 그것은 결국 우리 자신에게 좋은 혜택으로 돌아오는 것입니다.

쓰레기를 포함한 환경문제는 이제 지구의 가장 중요한 이슈로 떠오르고 있습니다. 최근의 한 환경그룹은 온난화 위기로부터 지구를 살릴 시간이 100개월 즉 8년 밖에 남지 않았다는 그야말로 경악스러운 보고서를 내놓았다. 우리는 지금 환경위기를 심각하게 느껴야할 시점에 와 있습니다.

특별히 우리 그리스도인들은 누구보다도 환경문제에 민감해야 하며 강한 책임의식을 느껴야 합니다. 하나님은 우리 인간을 특별히 그의 형상대로 창조하시면서 땅을 정복하고 다스리라고 명하셨습니다. 과거 일부 그리스도인들이 정복이라고 하는 개념을 잘못 이해하여, 인간 중심으로 인간의 편의를 위해서 자연을 파괴하는 일을 합리화하기도 했습니다. 그래서 서양에서 환경파괴의 주범이 기독교라는 오해를 받기도 했습니다.

그러나 하나님의 이 명령은 하나님이 지으신 자연환경을 잘 보살피고 지키라고 하는 말씀입니다. 하나님의 아름다운 동산이 훼손되지 않도록 돌보아야 할 책임이 누구보다도 바로 우리 그리스도인들에게 있습니다. 자신보다는 남을 생각하고, 편리한 것보다는 옳은 것을 앞세우는 거룩한 성도들을 통해서 이 세상이 보다 더 깨끗해지고, 더 밝아지고, 더 아름다워 지기를 바랍니다.

생활 폐기물을 줄이자

시사칼럼 (2009-03)

현대 사회는 생산과 소비를 확대하여 나가는 경제 성장을 지향하고 있기에 부수적으로 많은 문제들이 뒤따르고 있습니다. 로버트 브레너 UCLA 교수는 이번 세계적인 경기 침체의 요인이 단순한 금융 위기 때문만은 아닌, 보다 근본적으로는 생산의 과잉과 여기에 따르지 못하는 수요 부족에 있다고 진단했습니다. 신흥 강국들이 점차로 질 좋고도 값싼 제품들을 만들면서 공급이 수요를 추월하고 말았다는 것입니다.

이처럼 세계는 편리한 기능과 세련된 디자인을 갖춘 새로운 제품들을 계속해서 만들어 내고 소비자들이 그것을 구매하도록 부추기고 있습니다. 이런 가운데 쓰레기의 양이 엄청나게 증폭하게 된 것입니다. 과거에는 더 이상 쓸 수 없는 물건들이 버려졌지만, 지금은 쓸 수 있는 물건들조차 쓰레기통으로 들어가는 일들이 다반사로 일어납니다. 그리하여 생활 폐기물을 처리하는 것은 이제 환경의 중요한 문제가 되어 버렸습니다.

과거 선진국에서는 환경 규제가 강해지자 이런 폐기물들을 밀반출하였는데, 이로 인해서 아시아나 아프리카에서 불법적인 폐기물 거래가 성행하기도 했습니다. 그러나 지금은 많은 나라들이 폐기물을 재생하는 산업에 눈을 돌리게 되어, 이 또한 중요한 이윤 창출의 원천으로 탈바꿈하고 있습니다. 우리 정부 역시 녹색산업의 중요성을 뒤늦게 인식하고 여기에 눈을 돌리고 있는 것입니다.

이와 같이 쓰레기를 재생하는 것도 중요한 일이지만, 그보다 앞서 근본적으로 쓰레기를 줄이는 생활 습관이나 사회 분위기가 더 중요합니다. 이 분야에 있어서 세계에서 가장 많이 앞서 가고 있는 독일의 예를 들어 우리가 생각하고 적용해야 할 두 가지 측면을 소개하고 싶습니다.

첫째로는 벼룩시장을 활성화하는 것입니다. 벼룩시장은 쓸 수 있지만, 더 이상 쓰지 않는 물건을 서로 팔고 사는 시장입니다. 독일의 경우 물론 벼룩신문을 통한 당사자 간의 직접 거래도 활발하지만, 거의 매주 주말이면 동네마다 벼룩시장이 열립니다. 물론 여기에 새 물건을 갖다 파는 상인들이 있기도 하지만, 그들보다는 주로 동네 사람들이 자신이 쓰던 물건을 내다 팔면서 흥겨운 장터를 만들어 가는 것입니다. 내게는 불필요해 쓰레기로 버려질 물건들이 여기서 새로운 주인을 만나 아주 요긴하게 사용되는 것입니다.

흥미로운 장면은 이런 벼룩시장에 아이들도 나와서 자기 물건을 직접 파는 것입니다. 부모는 곁에서 아이들이 직접 흥정하는 것을 지켜봄으로 아이들로 하여금 어려서부터 거래하는 법을 배우게 하고, 또 생활용품의 재활용을 생활화하는 교육을 시키는 것입니다. 그러므로 이 나라에서는 남이 사용하던 물건을 사서 쓰는데 대한 거부감이 거의 없는 편입니다.

아울러 독일에서는 음료수 병이나 플라스틱 페트를 재활용하는 제도를 오래 전부터 정착시켰습니다. 가령 콜라 한 병을 산다고 할 때 콜라 가격에 병 값까지 더해서 사야 합니다. 그리고 나중에 빈병을 가져가서 병 값을 되돌려 받는 그런 제도입니다. 이것을 판트라고 하는데 이 판트 대상이 점점 더 확대되어서 웬만한 병이나 플라스틱 용기는 물론 종이팩조차 버려지지 않고 재사용 됩니다. 처음에는 다소 불편해 했지만, 지금은 아주 익숙해진 습관이 되었습니다.

중요한 것은 당장의 편리함이 아니라, 환경을 중시하는 우리들의 의식이라고 생각합니다. 누구보다도 우리 그리스도인들은 환경을 잘 보존하고 아름답게 지키 나가려는 의식을 가져야 합니다. 이것은 우연히 자연발생적으로 생긴 것이 아니라, 하나님의 창조물이라고 하는 사실을 믿기 때문입니다. 하나님은 이 자연을 인간이 돌보고 관리하도록 위탁하셨는데, 불행하게도 인간의 죄로 인해서 그 책임을 다하지 못했습니다. 그러므로 이 창조 세계의 보전은 이제 하나님의 자녀로 거듭난 우리 그리스도인들에게 주어진 참으로 중요한 책임 영역이라고 말할 수 있습니다. 이것을 생활화하여 환경을 지켜나가는 일에 그 누구보다도 우리가 먼저 앞장서야 할 것입니다.

11. 교회가 나아가야 할 길

- 3.1운동 속의 한국교회
- 노블리스 오블리제
- 국가의 법과 선교에 관하여
- 예멘에서 희생된 그리스도인
- 종교인 과세는 교회의 독일까 득일까?
- 포비아에 사로잡힌 한국교회
- 3.1운동 100주년을 보내면서
- 영광의 신학과 십자가 신학

3.1 운동 속의 한국교회

CTS (2011-02)

3월 1일은 3.1운동 92주년입니다. 1910년 한일합방 된 이후 10년간 일본은 우리민족을 우민화하고 일본에 동화시키기 위한 무단통치를 실시하였고 자연 이에 대한 백성들의 불만은 누적되어 갔습니다. 그러던 중 1919년 1월 일제의 독살에 의해서 고종황제가 붕어하셨다는 소문이 퍼져 나가면서 백성들의 분노는 극에 달했고, 마침내 3월 1일 독립선언문을 발표하면서 시작된 전국적인 만세운동으로 분출되었습니다. 이 독립선언문에는 당시 민족지도자 33인이 서명하였는데, 이들 모두가 종교인들로 개신교인이 16명, 천도교인이 15명 불교인이 2명이었습니다. 이것은 당시 천도교의 교세가 기독교의 10배 이상이었음을 감안할 때에, 교회가 사회 속에서 어떤 위치에 있었는가를 가늠하게 해줍니다.

실제로 3월 1일부터 5월 30일까지 3개월간 만세운동으로 인한 사망,

부상, 체포된 자중 개신교인이 17,6%로 무종교인 다음으로 가장 많았으며, 교회 파손만 해도 47개소에 이르렀습니다. 이는 개신교인이 독립운동에 가장 적극적으로 참여하였고, 교회들이 운동의 거점이 되었기 때문에 필연적으로 나온 결과였습니다. 개신교선교사가 들어온 지 겨우 40여년 밖에 되지 않았고, 신자가 전 국민의 1%미만이었음에도 불구하고 교회의 사회에 대한 책임과 영향력은 대단했던 것입니다.

그러나 이 3.1운동의 실패로 교회는 현실정치의 벽을 실감하면서 사회로부터 급속도로 격리되기 시작했습니다. 여기에는 이 운동으로 의식이 있는 지도자들이 많이 구속되거나 해외로 망명하면서 교회 리더십이 현저히 약화된 것도 중요한 원인이 되었습니다. 이후 한국교회는 외적으로는 일제가 우리민족을 회유하면서 전개했던 일종의 문화정치에 타협 내지는 안주하였고, 내적으로는 개인화, 내면화, 내세화의 경향으로 흘러가면서 사회현실에는 무관심한 이원론적인 신앙에 빠져들게 되었습니다.

이러한 급격한 변화의 보다 근본적인 원인은 교회에 이미 가르쳐지고 심겨졌던 정교분리에 있습니다. 미국 선교사들에 의해서 가르쳐진 이 정교분리는 처음 미국에서 시작된 의도와는 다른 모습으로 전달되었습니다. 독립하기 이전 미국은 영국의 식민지였고 그러므로 영국성공회가 국교의 지위를 누리고 있었습니다. 유럽에서 종교의 박해를 피해서 온 다양한 개신교인들은 이곳에서 성공회로 인한 핍박과 부당한 대우를 받지 않을 수 없었습니다. 그러므로 독립에 성공한 후 미국은 국교제도를 없애면서 중세이후 서양에서 최초로 국가와 교회가 분리되는 제도를 정착시켰습니다.

이런 의미에서 볼 때, 사실 정교분리는 교회가 국가 정치에 관여하지 않겠다는 의도보다는 도리어 교회가 국가에 종교적인 중립을 가질 것을 요구하는 데서 시작한 것이라 할 수 있습니다. 물론 처음의 의도와 달리 미국에서도 정교분리는 다양한 현상으로 발전해갔습니다. 어떤 교파가 미국 사회에 소수일 때 이러한 정교분리는 종교 자유를 의미했으나, 그 교파가 점차로 장로교나 침례교와 같이 다수파가 될 때 정교분리는 한편으로는 정치적인 무관심을 만들었고 다른 한편으로는 정치영역에서 보수적인 경향을 강화시켰습니다.

우리나라의 선교초기 정교분리의 가르침에도 불구하고 유교사상이 몸에 깊이 배었던 교인들은 왕에 대한 충성심이 가득했고, 기울어져 가는 나라의 문제에 무관심하기 어려웠습니다. 그리고 이것이 3.1운동으로 이어진 것입니다. 그러나 이 운동의 참담한 실패로 정교분리는 다시 힘을 얻게 견고하게 뿌리를 내리게 되었고, 그러면서 한국교회는 강한 이원론적인 성격을 갖게 된 것입니다.

이것이 계속 이어져 해방이후 다양한 정치변화 특별히 독재체제하에서 한국교회는 대체로 무관심과 침묵으로 일관하면서 사회적인 책임을 회피해왔습니다. 그러면서도 매년 3.1절만 되면 이 독립운동에 우리 개신교가 가장 큰 역할을 한 것을 자랑스럽게 강조하는 모순을 범해왔습니다.

이제 3.1운동 90주년을 맞이하여 우리 개신교는 이 운동에 담긴 선조들의 아름다운 전통을 보다 정직하게 돌아볼 필요가 있습니다. 그리고 만일 그것을 자랑스럽게 여긴다면 그것을 잘 이어가야 합니다. 이원론적인 태도를 버리고 사회현실의 문제에 대한 책임의식을 신앙 속에 담고 함께 풀어나가면서 보다 공의롭고 평화로운 나라를 세우기 위해서 노력해야 할 것입니다.

노블리스 오블리제

시사칼럼 (2009-10)

　최근 국무총리 후보를 비롯해서 여러 신임 장관들에 대한 인사 청문회가 개최되었습니다. 국무총리나 장관들 모두 국정을 운영하는 나라의 최고 책임자요 핵심 지도자입니다. 이들에게 요구되는 것은 자기 분야에서의 전문성과 식견 그리고 조직력만이 아닙니다. 자신에게 주어질 많은 권력을 통해 사리사욕을 채우지 않고 국민의 공복으로서 국가를 위해서 헌신하는 자세와 아울러 이를 수행하기 위한 높은 도덕적 자질이 필요합니다. 법을 집행하는 자로서 법의 권위를 세우기 위해서는 자신이 먼저 법을 지켜야하고, 권력의 자리에서 부정부패의 유혹에 넘어가지 않으려면, 재물을 대하는 자세가 바라야 합니다.
　그러나 인사 청문회를 하면서 우리는 소위 높은 자리, 즉 지도층에 있는 사람들의 감추어진 윤리 수준을 확인하게 되었습니다. 위장 전입은 상식적인 일처럼 되어 버렸고, 부동산 투기, 병역 문제, 세금 문제 등 크고 작은 범법과 부도덕한 행위들이 그들 속에 그대로 감추어져 있다는 사실입니다. 오히려 힘 있고 능력 있는 그들이 평범한 국민들보다 더하다는 느낌을 주고 있었습니다.

청문회를 통해서 그들이 우리 국민들 속에 심어주는 것은, 나라의 법을 잘 준수하는 어리석은 바보가 되지 말라는 무언의 교훈입니다. 이들이 권력의 자리에 앉은 뒤 강조하게 될 공권력 강화, 법질서 확립이라는 말이 설득력 있게 들릴 지 의문이 듭니다.

이제 우리 사회는 높은 신분의 사람들이 도덕적 의무를 다하는 것을 의미하는 노블리스 오블리제의 필요성을 절감하고 있습니다. '고귀하게 태어난 자는 고귀하게 행동하라' 는 격언대로 과거 로마제국을 비롯해서 서양의 여러 나라들은 권력을 가진 자들이 높은 도덕성과 솔선수범하는 자세를 보여줌으로 나라의 기강을 든든히 세워 갔던 것입니다. 1,2차 세계대전에서 영국의 고위층 자제가 다니던 이튼칼리지 출신 병사 중 2,000여명이 전사했고, 6·25전쟁 때에도 미군 장성의 아들이 142명이나 참전해 35명이 목숨을 잃거나 부상을 입었던 것이 바로 그런 정신의 산물이었습니다. 이제 우리 사회의 지도자가 되려고 하는 사람들은 이런 엄격한 도덕성을 가지고 자신의 삶을 지켜갈 수 있어야 합니다.

그러나 우리는 그리스도인으로서 사회 지도자들 향해 비판하고 높은 도덕성을 요구하는 자리에만 머무를 수는 없습니다. 그리스도인은 모두 이 사회의 왕 같은 제사장 즉 영적 귀족이라는 성경 말씀을 따를 때에 노블리스 오블리제는 바로 우리들의 몫이기도 하기 때문입니다.

한국종교문화연구소의 한 연구위원이 '철학과 현실' 이라는 잡지에서 오늘날 우리 사회에서 개신교의 영향력에 관한 글을 썼는데, 그에 따르면 2005년 인구조사에서 개신교 신자는 18.3%로 불교의 22.8%에 미치지 못하지만 개신교는 신앙심의 강도나 종교의례의 참여 빈도에서 불교에 비해 훨씬 강한 결집력을 보이고 있고, 신자들도 수도권과 고학력 엘리트, 젊은 세대 중심으로 구성되어 있다는 것입니다. 이렇게 형성된 개신교의 강한 영향력은 개신교를 믿건 안 믿건 상관없이 개신교적 사고방식이 폭넓게 모든 한국인의 무의식 속으로 침투해 가도록 했으며, 심지어 다른 종교로 하여금 개신교를 모방해가도록 했다는 것입니다. 그러면서 그는 이제 우리 사회 전체를 위해 개신교의 자기 성찰이 절실하다고 강조했습니다.

그렇습니다. 한국의 교회는 이제 우리 사회의 지도자의 자리에 서 있는 것입니다. 영향력이 큰 만큼 더 높은 도덕적인 의무가 요구된다고 할 것입니다. 오늘날 교회가 자주 세상의 비난에 직면하는 것은, 빛과 소금으로서의 높은 도덕적 수준을 교회가 그만큼 보여 주기를 사회가 기대하고 있기 때문입니다. 초대교회 당시 그리스도인이란 이름은 높은 도덕적인 윤리를 갖고 있는 사람들의 대명사였습니다.

사회의 지도자들에게 높은 도덕적 의무를 요구할 뿐만 아니라, 우리 그리스도인 스스로가 이것을 적극 실천하여 우리 사회가 하나님의 뜻에 보다 합한 건강한 사회로 성장해 갈 수 있도록 함께 노력해야 합니다.

국가의 법과 선교에 관하여

CTS (2009-04)

국가의 법과 교회의 사역에 관해서 생각해봅시다. 기독교역사에서 교회의 사역과 국가 권력 사이에는 언제나 크고 작은 갈등이 있어 왔습니다. 때로 국가 권력에 순응하지 않고 거스리는 것이 필수적일 수밖에 없었던 때가 있었습니다. 루터가 종교개혁을 일으킬 당시 제후들이 로마 가톨릭의 요청을 따라 루터의 책을 금서로 규정하고 불태우기를 명했습니다. 이 때 루터는 "공권력에 관해서"라는 책을 통해서 교인들에게 이러한 명령에 불순종하기를 권고하면서 하나님의 말씀이 세상의 법보다도 우선함을 강조했습니다. 그러나 종교개혁이 어느 정도 자리 잡은 뒤 토마스뮨쳐를 중심으로 한 농민혁명이 일어났을 때, 루터는 이 혁명을 반대하면서 교인들은 여기에 가담치 말고 국가의 법과 질서에 순응할 것을 요구했습니다.

이러한 루터의 자세는 국가와의 관계에 있어서 지상의 교회가 가질 수밖에 없는 두 가지 이중적인 모습입니다. 그러나 이러한 이중성의 자세에서 교회는 진정 고민하고 기도하면서 그것이 자의적이거나 교회이기주의를 근거로 하지 않도록 노력해야 합니다.

무엇보다도 성경이 가르쳐주는바 우리가 가져야할 근본적인 자세는 인간이 세운 제도를 주를 위하여 순복하라고 하는 것입니다. (벧전2:13) 국가자체가 죄와 마귀의 산물이 아니라, 하나님이 인간에게 허락하신 공동체라고 할 때, 그 권위가 하나님께로부터 온 것을 인정하고 존중할 줄 아는 것이 바른 신앙의 자세일 것입니다. 이것이 바탕이 된 가운데 국가의 법 위에 하나님의 말씀이 있다는 고백을 할 때, 그 고백은 참된 고백이 될 수 있습니다.

그런데 유감스러운 것은 전체적으로 우리 국민들이 법과 질서를 별로 존중하지 않는데 익숙해져 있고 그리스도인들 역시 이점에서 별다르지 않다는 사실입니다. 특별히 교인들에게 있어서는 교회의 사역을 위해서는 법을 무시해도 된다 라고 하는 그릇된 통념이 밑바닥에 깔려 있습니다.

1980년대에 우리나라에서는 "통일은 선이다" 라는 말이 젊은이들 사이에 회자되면서 통일지상주의가 팽배했었습니다. 그 밑바닥에 전제된 사고는, 통일은 이 시대에 절대적인 과제이므로 통일을 위한 일이라면 그것이 국가의 법을 위반한 것이건 인류의 도리에 어긋난 것이건 다 선한 것이다 라는 것입니다. 이런 분위기에서 당시 젊은이들 사이에서는 통일에 대해서 조금이라도 반대하는 사람은 민족반역자로서 취급당하기 일쑤였습니다.

오늘날 우리 한국 교회 속에도 이런 지상주의가 숨겨져 있지 않나 생각해봅니다. 목회지상주의, 전도지상주의 그리고 무엇보다도 선교지상주의입니다. 전도나 선교가 주님이 주신 지상명령이라고 생각하는 것이야 당연하지만, 여기서 한 발짝 나아서 "전도나 선교는 선이다"라는 모토를 내면에 담고 있는 것 같습니다. 이런 '지상주의' 속에서 국가의 법이나 사회공동체의 질서가 상대화 되는 것은 말할 나위도 없고, 더 나아가 목적을 이루기 위해서는 그런 것들을 어기고 거스리는 것을 오히려 당연하다고 생각하게 됩니다.

선교야 당연히 지상명령이고, 전도야 주님 오시는 날까지 교인들에게 주어진 사명입니다. 그러나 동시에 한 사회의 시민으로 법과 질서를 존중하면서 더불어 살아가는 것도 중요한 신앙적인 과제임은 말할 나위도 없습니다. 우리가 복음전파의 사명을 잘 감당하는 데에 언제나 사회법의 틀에 갇혀있을 수는 없을 것입니다. 때로 국가가 반기독교적인 악법을 만들어 강요할 때에 이에 저항할 상황이 주어질 수도 있을 것입니다. 또한 국가의 법이 우리의 신앙양심과 정면으로 배치가 될 때에 여기에 순응할 수도 없을 것입니다. 그러나 다른 한편으로 성경이 가르치는 기본은 국가의 법과 제도를 존중하라고 하는 것도 잊어서는 안 됩니다.

우리의 신앙적인 사명과 사회의 질서 사이에는 분명 갈등이 있기 마련입니다. 여기에 획일적이거나 기계적인 답을 줄 수 없습니다. 그러나 신앙지상주의에 **빠져서** 기본적으로 국가의 법을 무시하거나 반대로 법지상주의에 **빠져서** 그리스도인으로서의 사명을 무시하는 양 극단을 피해야 할 것입니다. 하나님이 주신 국가의 법과 제도를 존중하면서 복음전파의 사명을 게을리 하지 않는 그리스도인들이 되기를 바랍니다.

예멘에서 희생된 그리스도인

CTS (2009-07)

　최근에 한 그리스도인 자매가 예멘에서 봉사활동을 하다가 납치되어 살해당한 사건이 일어났습니다. 국제구호단체 월드와이드서비스에 속해서 예멘 북부 사다 지역에서 봉사활동을 하던 엄영선자매가 지난 15일 실종된 지 사흘 만에 독일인 동료 2명과 함께 시신으로 발견되었습니다.
　이미 지난 3월 자폭테러로 한국인 여행객 4명이 숨진 이곳 예멘은 중앙정부의 통제력이 미약하고 지방마다 다양한 정파들이 세력을 펼치고 있어 치안이 취약하고 아주 가난한 나라입니다. 가난하기에 의료혜택이 제대로 되지 않는 이곳에 가서 사랑의 봉사를 하던 중 불의의 사고를 만난 것입니다.
　그런데 한 신문에서 엄자매가 기독교 선교활동의 일종인 MK사역(선교사 자녀들을 교육하고 돌보는 사역)을 위해서 이곳에 갔다는 글을 실었습니다. 그녀는 영국의 WEC선교단체에서 선교훈련을 받고, 몸담고 있는 수원의 형제교회에서 선교사로 파송받았다는 것입니다. 물론 WEC선교회에서는 임자매를 정식 파송한 것이 아니었다고 말했고 교회에서의 파송식 역시 의미부여할 수준이 아니라는 해명도 같이 실었습니다. 이것을 놓고 일각에서는 결국 기독교 선교활동하다가 변을 당한 것이 아니냐면서 교회와 기독교를 공격하기도 했습니다.

2007년 샘물교회 단기선교팀이 아프카니스탄에서 피납되었던 사건 이후, 우리 사회는 기독교인들의 해외활동에 대해서 심한 알레르기반응을 보이는 것 같습니다. 순수한 봉사활동이라고 해도 그가 기독교인이면, 선교를 목적으로 한 것이 아니냐는 의구심으로 바라보면서 '남의 종교를 존중할 줄 모른다, 종교 갈등을 야기한다' 는 등의 비난을 서슴치 않고 있습니다. 교계 일각에서도 이러한 비난에 동승하는 사람들이 있습니다.

교회가 "교회를 위한 교회"의 틀을 벗지 못하는 한, 교회에 대한 다양한 사회적 비난을 틀렸다고 무시할 수만은 없을 것입니다. 교회는 그 존재 자체가 세상을 위한 교회가 되어야 합니다. 세상을 사랑하고 세상과 소통하려고 하며, 사회적인 책임의식을 갖고 세상을 섬기는 교회가 되어야 합니다. 교회가 교회자체의 성장이나 확장에 초점을 맞추고 선교의 외형적인 실적에 연연하는 등 "교회를 위한 교회"로 안주할 때에, 교회는 세상으로부터 오는 책망과 비난에서 벗어날 수 없을 것입니다

그러나 또 한편으로 교회는 세상의 인정을 받고 세상과 소통하기 위해서 교회의 본질된 사명을 잃어버려서는 안 됩니다. 복음을 전하는 것은 우리 신앙의 본질입니다. 복음을 전하지 않는다면 그것은 이미 교회임을, 그리고 그리스도인 됨을 포기하는 것과 같습니다. 진정한 그리스도인

은 어느 나라에 가서 의료사역을 하건, 구제봉사를 하건 그곳 사람들에게 예수를 전해주고 싶은 강렬한 열망을 갖지 않을 수 없습니다. 만일 세상이 이것을 이해하지 못하고 비난한다면 우리는 그런 비난은 감수해야 합니다.

1989년 마닐라 로잔대회에서 대두된 10/40창 지역은, 아직 복음화 되지 못한 세계 30억 인구의 97%가 살고 있고, 또한 가장 빈곤한 지역으로 의료와 교육 등의 혜택을 제대로 받지 못하는 곳이 많습니다. 그러다보니 오늘날 대부분의 구호봉사단체들과 선교단체들의 역량이 여기에 집중되고 있고 많은 크리스챤 사역자들이 현재 이곳에서 사역을 하고 있습니다.

그러나 이곳은 이슬람과 불교와 힌두교의 발상지로 기존 종교의 뿌리가 깊고, 타종교에 대해서 배타적이며 정정이 불안정하여 사역의 과정에서 예기치 못한 일들이 얼마든지 생길 수 있습니다. 그럴 때에 우리 그리스도인들은 세상의 시각에 편승하기 보다는 먼저 이곳에서의 사역과 사역자들에 대해서 이해와 동정의 마음을 품고 충분한 지지를 보낼 수 있어야 합니다. 그것이 이들에게 큰 힘이 될 것입니다.

홀연히 우리 곁을 떠난 엄자매 - 순수한 의료봉사를 했건, 선교사 자녀를 돌보는 사역을 했건, 선교사로 파송 받았건 받지 않았건 간에, 죽음에 이른 그녀의 봉사와 헌신을 주님은 기뻐하셨으며, 그녀는 우리 본받아야할 참으로 자랑스러운 그리스도인임에 틀림이 없다고 생각합니다.

종교인 과세는 교회의 독일까 득일까?

한국기독신문 (2017-10)

　오늘날 종교인의 세금 문제가 중요한 이슈로 떠오르고 있습니다. 정부는 내년부터 종교인 과세를 시행하겠다는 뜻을 분명히 하고 있습니다. 2013년 8월 정부가 입법 예고하고 2015년 1월부터 시행하기로 했던 종교인 과세는, 여러 다양한 반발에 부딪혀 몇 차례 유예되다가 2018년 1월 1일에 시행하게 되었습니다. 그 사이 정부는 종교인과세를 '근로소득'이 아닌 '기타소득'으로 분류하고 '기타소득'에 '종교인 소득'이라는 항목을 신설하였습니다.

　그러나 내년 시행을 몇 달 앞둔 지난 8월, 일부 국회의원들이 시행일을 다시 2년 더 연장하자는 개정법률안을 발의하면서 커다란 여론의 역풍을 맞게 되었습니다. 여기에 가장 앞장섰던 의원이 뒤로 물러서서 과세는 하되 종교단체에 대한 세무조사는 하지말자라는 의견을 내놓았고, 이것

역시 사회에서는 호된 비난을 받아야 했습니다.

1968년 초대 국세청장이 종교인에게 과세하겠다고 언급한 시점부터 50년의 시간을 흘러갔습니다. 그동안에는 여러 가지 이유로 유야무야 되었지만, 이제는 정부가 쉽게 물러서지 않을 기세입니다. 국민 여론도 찬성 의견이 압도적으로 우세해서, 과세에 반대한다는 응답은 9%에 그친 반면 '예정대로 내년부터 과세해야 한다' 는 응답은 78.1%나 되었고 이는 2014년보다 7%나 높아진 것입니다.

교역자들의 인식도 많이 달라졌습니다. 2013년 처음 종교인과세가 거론 될 때는 온갖 반대 이론이 들끓었고, 또 많은 교역자들 역시 정부의 의도에 의구심을 가졌습니다. 그러나 4년이 지나가면서 점차로 생각의 변화가 왔고, 이제는 찬반 여부를 떠나서 보다 구체적인 사안과 대처방안에 관심을 기울이고 있습니다.

지금 우리 개신교회는 한 번도 가보지 않은 세계로 들어가는 것입니다. 그런 점에서 교회는 한편으로 해야 한다는 당위성에 공감하면서도, 다른 한편으로 미래에 어떻게 될까 염려하기도 합니다. 목회자 개인이 세금을 내는 것이야 개인의 문제로 한정되지만, 혹여 라도 이것을 빌미로 교회 재정에 대한 세무조사를 벌이고, 더 나아가 국가가 교회를 좌지우지하는 일이 벌어지지 않을까 하는 그런 염려입니다. 그러나 이것이 정말 우리교회가 염려해야 될 문제일까요?

우선 나는 이제 교회가 인식의 변화를 가져야 할 때라고 생각합니다. 그동안 교회는 사회 속에 있음에도 사회와는 담을 쌓고 자기 세계에 갇혀 있었습니다. 교회가 속한 이 사회를 보다 좋은 사회로 만들고 그러한 사회의 일원으로서의 책임의식을 갖는데 미숙했습니다. 사회에 대한 책임의식이 자라지 않은 가운데 영향력은 커지면서 그 영향력으로 교회의 이익을 앞세우려고 하다 보니, 사회 속에서 많은 신망을 잃은 것이 사실입니다.

이제 종교인과세는 우리 교회의 지도자들이 사회의 일원으로서 이 사회에 대한 책임을 함께 한다는 것을 보여주는 좋은 기회입니다. 사례비든 생활비든 그것이 우리의 소득일진대 소득에 대해서 세금을 내는 것은 시민으로서 마땅한 일입니다. 그래야 우리 역시 교인들에게 롬13:7의 말씀을 갖고 정당하게 세금을 내라고 설교할 수 있을 것입니다. 아울러 목회자 80% 정도는 면세대상이면서 저소득근로가구에 지급되는 근로장려세제(EITC) 대상자라고 하는데, 당당히 복지혜택도 받을 수 있어야 합니다.

또한 종교인과세는 교회들의 재정운영을 보다 투명하게 해주는 계기가 될 것입니다. 잘하는 교회도 있겠지만, 주먹구구식의 재정운영, 목회자의 독재적인 재정운영, 교인들에게 공개되지 않는 재정운영이 있다면 이제는 변해야 할 것입니다. 더 나아가 일부 연간 수백억 원의 예산을 갖는 대형교회들의 복마전 같은 재정운영은 오늘날과 같은 열린사회에서는 더 이상 용납될 수 없습니다.

우리 기업들은 국제화의 영향으로 점차로 모든 점에서 투명해지고 있습니다. 1년 전부터 김영란법이 시행되면서 검은 돈도 줄어들고 있습니다. 이것은 좋은 일입니다. 우리 사회는 점차로 투명한 사회로 나아가고 있고 나아가야 합니다. 거기에 교회가 예외가 될 수 없습니다. 오히려 예수 그리스도가 주인인 교회라면, 세상 사회보다 더 투명하고 더 청렴한 공동체가 되어야 하지 않겠습니까? 한국교회가 그렇게 변화되는 계기가 된다면, 종교인 과세는 분명 독이 아니라 득이 될 것이 틀림없습니다.

포비아에 사로잡힌 한국교회

한국기독신문 (2018-02)

2001년 미국 뉴욕에서 발생한 911사태는 세계 역사를 바꾸는 커다란 사건이 되었습니다. 가장 안전하다고 생각한 미국의 본토가 이처럼 참혹한 테러를 당하면서 사람들 속에는 두려움이 생겨났습니다. 이후 언제 어디서 테러가 일어날지 모른다는 불안은 다양한 국가정책과 개인행동의 동기가 되었습니다. 대테러정책의 일환이라며 국가기관에 의한 합법적인 도청이나 사찰의 범위가 확대되면서 개인의 자유와 프라이버시가 위축되었습니다. 미국은 테러에 대한 응징과 그 원인자를 제거해야 한다면서, 빈 라덴의 배후로 지목된 아프카니스탄을 침공했습니다.

그리고 여기서 한걸음 더 나아가 후세인을 제거할 목적으로 이라크전쟁을 일으켰습니다. 이 전쟁의 정당성을 위해, 이라크에 화학무기가 만들어지고 있고 이 대량살상무기가 미국을 비롯한 지구촌의 큰 위협이 될 것이라고 주장했습니다. 그러나 이라크를 점령한 후 잘못된 정보였음이 드러났고, 부시는 대통령직을 마치면서 이것을 공식적으로 인정하고 사과했습니다. 이 잘못된 의도에서 시작된 이라크전쟁은 제대로 완결되지 못한 가운데, 수많은 민간인들과 군인들 특히 많은 미군의 희생을 불러오면서, 이라크는 물론 미국사회에까지 깊은 상처를 남겨주었습니다. 더 나아가 오히려 IS라는 극단적인 테러집단이 생겨나는 결과를 낳고 말았습니다.

아직도 죄가 관영하는 세상은 분명 두려워해야할 일들이 있습니다. 그리고 그 두려움이 다양한 측면에서 인류 역사와 문명에 동기가 되기도 했습니다. 개인이나 국가나 간에 '아무 일도 없을 거야, 다 잘 될 거야' 라는 낙관주의는 위험합니다. '평안하다, 평안하다' 하면서 현실의 문제를 직시하지 못하고 안심시키려는 것도 옳지 못합니다. 개인이나 사회나 간에 건강한 두려움은 필요합니다. 그런 두려움에서 항상 깨어있으면서 자신의 문제를 직시해야 하고, 만일을 대비하려고 해야합니다.

그러나 지나친 두려움, 더 나아가 포비아(공포증)현상은, 오히려 건강한 삶과 건강한 사회를 해치는 독소가 될 수 있습니다. 하늘이 무너질지 모른다며 두려워하던 겁쟁이 토끼가 잠결에 떨어진 사과에 맞고 놀라서 하늘이 무너진다고 소리 지르며 달려갔고, 이 말에 다른 동물들이 아무 생각 없이 가세하여 도망을 갔다는 이솝우화는, 그릇된 두려움이 어떤 영향을 미칠 수 있나를 말해줍니다.

포비아의 현상은 우선 한 두 가지 사건을 과대포장 해 일반화시키면서 큰 공포의 대상으로 만들어 적대감을 유발시킵니다. 더 나아가 편파적인 지식을 앞세워서 사실을 왜곡하거나 거짓을 만들어냅니다. 그 다음에는 아예 이것을 고착된 담론으로 만들어서 여기에 동의하지 않는 다른 의견은 위험한 것으로 낙인을 찍어버립니다. 그러면서 건전한 토론 자체를 불가능하게 만드는 것입니다.

나는 오늘날 우리 사회뿐 아니라, 한국교회가 이런 포비아증후군을 앓고 있다고 생각합니다. 아니 사회보다 오히려 교회가 더 큰 두려움에 빠져있습니다. 그 두려움은 우리 사회의 반기독교 세력에 대한 두려움이고, 북한과 이슬람에 대한 두려움이며, 동성애에 대한 두려움이고, 이런 것들에 의해서 미래 한국교회가 위태로워질 것이라는 두려움입니다.

당연히 이것들은 주의를 기울이고, 우려해야할 문제들이지만, 한국교회는 그런 건강한 두려움을 넘어서서 포비아현상으로 기울어져 있습니다. 그런 두려움을 강하게 얘기하면 할수록 사람들로부터 진리로 각광받습니다. 그리고 그런 두려움을 뒷받침해주는 이론이나 이야기는, 그것이 정말 공정한 보도에서 나온 것인지, 사실(fact)인지, 그 반대되는 이론이나 현상은 없는지를 살펴보지 못하게 합니다. 왜냐하면 그런 이론이나 이야기들은 이미 기독교진리처럼 선포되어 버렸고, 토론의 여지없는 확정된 담론으로 교인들 속에 주입되기 때문입니다.

다양한 사회현상들에 대해서 건강한 두려움에서 나오는 교회의 반응과 포비아에서 나오는 반응은 다릅니다. 포비아에서 추구하는 반응은, 근시적으로는 자신을 지키고 유익을 주는 것 같지만, 멀리 내다보면 오히려 교회에 큰 상처와 어려움이 될 수 있음을 유념해야 합니다.

교회는 두려움에서 행동하는 공동체가 아닙니다. 지금보다도 훨씬 더 어려운 환경, 교회를 오해하고 미워하고 나아가 적대시하는 환경에서도 교회는 세상을 두려워하지 않았습니다. 우리의 출발은 두려움이 아니라, 세상주권자 되신 주님에 대한 깊은 신뢰에서 나오는 사랑임을 명심합시다.

3.1운동 100주년을 보내면서

한국기독신문 (2019-03)

지난 3월 1일은 1919년에 일어난 3.1운동 100주년 기념일이었습니다. 그동안 교회들은 이 운동에 개신교회가 큰 역할을 했다는 것에 고무되면서도, 교회가 국가사회문제에 적극적으로 참여했다는 역사적인 사실을 지금의 목회방향과 연결시키는 것에서 불편해 했습니다. 그래서 매년 찾아오는 3.1운동에 다소 소극적이었는데, 다행히 올해는 많은 교회들이 적극적으로 이와 관련된 기념행사를 가졌습니다. 100주년이라는 의미도 있겠지만, 뭔가 달라진 정치적인 분위기의 영향도 아닌가 싶습니다.

어쨌든 보수나 진보를 떠나 3.1운동은 한국 역사 뿐 아니라, 짧은 개신교역사에 있어서도 매우 의미심장한 일입니다. 이제부터라도 매년 돌아오는 3.1운동의 올바른 의미를 돌이키고 기념할 뿐 아니라, 우리의 신앙과 삶의 자리에 적용하는 자세를 갖기를 희망합니다.

한국개신교회는 130년의 짧은 역사에서 세계 기독교사에 남을 만한 부흥과 성장을 경험했습니다. 그리고 그 과정에서 세계교회에 모범이 될 만한 일들과 아울러 다양한 시행착오도 겪었습니다. 한국교회를 이해하려고 할 때에 간과해서는 안 되는 두 가지 역사적 사건이 있습니다. 그 하나는 평양대부흥운동입니다. 1907년 평양에서 시작된 성령운동은 회개를 통한 성결운동에서 시작하면서 사경회를 통한 말씀공부와 기도로 건강한 영성운동을 일으켰고, 여기서 더 나아가 100만인 구령 등의 전도운동으로 이어졌습니다. 이것은 그야말로 20년밖에 안 되는 어린 개신교회가 한국사회에 뿌리내리는데 결정적인 계기가 되었습니다.

또 다른 하나는 1919년에 일어난 3·1운동입니다. 을사조약과 한일합방 등 암울한 역사의 소용돌이 속에서, 성령운동은 자칫 역사를 외면하고 사회현실에서 도피하는 신앙운동으로 흘러가기가 쉬웠습니다. 오늘날 많은 성령운동에서 나타나는 현상입니다.

그러나 한국교회는 그런 길로 가지 않았습니다. 이미 1907년에 기독교지도자 안창호와 이승훈 등은 서북지역(평안도)을 중심으로 신민회를 만들어 항일운동을 벌였고, 이것을 눈의 가시처럼 생각한 일제는 한일합방이 된지 2년 후인 1912년 이들에게 총독살해음모라는 없는 죄를 뒤집어 씌워 105인 사건을 일으켰습니다. 이때 유죄선고를 받은 105인 중 92명이 개신교인이었다는 사실이 당시 교인들의 신앙의 성격을 말해주고 있습니다.

그리고 1919년 전국적으로 일어난 3.1 독립만세운동의 중심에도 개신교가 있었습니다. 독립선언문에 서명한 33인중 16명이 개신교인이었고, 전국의 교회당이 만세운동의 전초기지로 사용되는 등 한국개신교회는 3.1운동에 가장 앞장서는 집단이었습니다. 이에 따라 많은 기독교인들이 희생을 당했고, 많은 교회당이 파괴되었습니다.

평양대부흥운동과 3.1운동은 보수와 진보가 나뉘어져서 일어난 운동이 아니었습니다. 이 3.1 운동에 앞장선 사람 중에는 길선주 목사와 같이 평양대부흥운동의 주류에 있던 사람들이 많았습니다. 이것을 통해서 진정한 성령운동은 하나님나라 운동이요, 역사와 민족의 문제에 책임 있게 행동하는 신앙운동임을 보여주었습니다.

그러나 3.1운동에서 실패한 이후, 교회는 사회와 역사의식을 가진 많은 지도자들을 잃어버렸고, 살아있는 권력에 대항하는 것이 얼마나 혹독한 값을 치러야 하는가를 직시했습니다. 그러면서 사회현실에서 물러서서 개인구원과 인격성장, 영적체험과 내세에 집중하게 되었고, 신앙생활은 주로 교회라는 울타리 안에 머물게 되었습니다.

대외적으로 우리의 신앙은 정치와 무관함을 선포하면서 일제통치에 순종적인 집단이 되었고 이로 인해 교회는 불의한 일제의 정치적인 도구로 전락하게 되었습니다. 교단 지도자들은 나선일체의 민족말살 정책을 적극 선전하고, 교인들에게 황국시민이 될 것을 가르쳤고, 일본이 일으키는 전쟁정책에 정당성을 부여했습니다. 많은 목회자들이 교회강단에서 설교를 통해 이것을 교인들에게 계몽했습니다. 그리고 더 나아가서 일제말기에 가서는 신사참배를 신앙의 문제가 아닌 애국의 문제라고 합리화하면서 수용했고, 이로 인해 교회는 신앙의 본질까지 훼손되는 위기를 맞이하였습니다.

해방이후 개신교회가 신사참배 문제를 다룰 때에 신사참배를 했느냐 안했느냐, 참회하느냐 안하느냐는 논쟁에만 집중하면서 심지어 이 문제로 인해 교단이 갈라지기도 했습니다. 그러나 정작 다수의 교회지도자들과 교인들이 신사참배를 하게 된 보다 근본적인 원인을 간과하고 있음이 안타깝습니다. 그 근본적인 원인은 3.1운동 이후의 교회가 지향해온 이원론적인 신앙이었습니다. 이 이원론적인 신앙은 사회 국가의 일을 세상일로 치부하고 신앙에서 제외함으로, 결국 이신칭의 신앙만 지키면 세상일은 아무렇게나 되도 상관없다는 안일한 생각에 빠지게 한 것입니다. 그 결과 교회는 정의에 대한 분별력을 상실하고 국가권력에 맹종하는 집단이 되고 국가의 명령에 순응해서 신사참배를 받아들이게 된 것입니다.

그리고 이것은 광복이후 70년간 한국교회의 전형적인 모습이 되었습니다. 한국교회는 정교분리와 철저한 이원론적인 신앙 아래서 모든 역량을 개인구원, 교회성장에만 집중시켜 커다란 부흥을 경험했습니다. 다른 한편으로 교인들은 교회 울타리 밖의 세상을 막연히 마귀가 지배하고 심판받아 멸망할 곳으로 생각하면서, 세상을 조금 더 나은 세상, 조금 더 정의로운 세상으로 만드는 것에는 관심을 갖지 않았습니다. 자연히 교회는 우리 사회의 변화와 발전에 무관심하고 더 나아가 무책임했습니다. 일제 때와 마찬가지로 해방이후 대부분의 개신교회는 오랜 세월 독재정권에 의해서 자행된 온갖 불법과 불의 그리고 인권유린에 침묵하였고 교단지도자들은 그들의 왜곡된 통치 행위에 대해 정당성을 부여하면서 후견인 역할을 했습니다.

근간에 우리 사회가 보수와 진보 등 다양한 정권을 거치면서, 한국교회는 적어도 한 가지에 있어서는 일치해 가고 있습니다. 국가의 문제는 우리 신앙과 무관한 것이 아니라는 사실입니다. 적어도 이런 점에서 우리는 다시 3.1운동의 의미와 가치를 돌아보아야 합니다. 그들의 신앙은 당면한 사회

문제를 책임 있게 끌어안았습니다. 이것은 옳은 것입니다. 그것이 독립의 문제이건, 민주화나 인권의 문제이건, 남북문제이건 우리는 세상국가가 하나님에 의해 세워지고 사용되는 기관임을 인정하고 그것을 바르게 세워가기 위해 노력해야 합니다. 다시 말해서 전인격적인 그리스도인의 신앙을 지향한다면 그 속에 정치적인 책임을 갖지 않을 수 없다는 것입니다.

그러나 다른 한편으로 우리는 지난 2천년 기독교 국가에서 일어난 그릇된 문제도 간과해서는 안 됩니다. 바로 교회의 정치화입니다. 교회는 하나님의 말씀 속에 담긴 올바른 국가의 길을 찾아내고 그것으로 때로 정치지도자들을 권면하고 책망하고 바르게 잡아주는 예언자적인 역할을 해야 합니다. 하나님을 모르는 세상 국가 사회가 그릇된 윤리와 이념을 좇아가거나 불의한 통치를 자행할 때에 비판하고 책망해야 합니다.

그러나 그것이 당파성과 정치권력의 이해관계를 전제로 해서는 안 됩니다. 교회가 공공연히 어떤 정당이나 정치인을 비호하거나 이들이 권력을 잡을 수 있도록 후견 역할을 하는 것은, 세상과 구분되는 거룩한 교회의 본질을 파괴하는 행위입니다.

그리스도인들은 자신의 신앙양심 안에서 보수나 진보를 선택할 수 있습니다. 그러나 이러한 정치행위를 상대적인 것으로 이해하지 않고, 도리어 신앙적인 차원으로 영화시켜서 절대시하는 것은, 성경말씀이 아니라 정치이념의 포로가 되어있는 위험한 모습입니다. 지난 2천년의 역사뿐 아니라, 근세 서양의 역사에서 교회가 이러한 과오를 얼마나 많이 저질렀는지 모릅니다. 3.1 운동 100주년을 보내면서 우리 믿음의 조상들이 지향했던 이 소중한 신앙과 행동을 보다 깊이 돌아보면서 계승해 나가도록 노력해야 할 것입니다.

영광의 신학과 십자가신학

한국기독 신문 (2017-11)

지난 10월 31일 종교개혁 500주년을 맞이했습니다. Reformation의 보다 정확한 번역은 '교회개혁' 입니다. 당시 교회는, 다 허물고 새로 세우지 않으면 안될 만큼 병들고 썩어있었습니다. 가장 기본적인 구원의 교리에서조차 표류하다보니, 면죄부까지 오게 되었습니다. 돈으로 구원받을 수 있다는 사악한 교설입니다. 이것은 신학적인 왜곡뿐 아니라, 교회가 맘모니즘(물신주의)에 깊이 물든 증거였습니다.

면죄부를 반박한 95개조문을 발표한 다음해(1518년), 루터는 하이델베르크에서 가진 논쟁에서 교회의 이런 타락의 근원을 가톨릭이 지향했던 '영광의 신학' (theologia gloriae)이라 지적했습니다. 그리고 그 그릇된 신학의 대척점에 자신의 '십자가 신학' (theologia crucis)을 세웠습니다.

본래 기독교는 로마제국 안에서 박해받는 소수의 종교였습니다. 근 300년간 예수를 믿는다는 것은 세상에서 누리는 모든 좋은 것들을 포기하고, 억울한 일을 감수하면서 심지어 순교의 자리까지 나아가는 것을 의미했습니다. 그 교회는 이 세상에서의 영광이 아니라, 부활의 영광을 소망했고, 이 영광을 위해서 세상에서는 마땅히 고난을 당해야 한다고 생각했습니다. 이처럼 박해와 시련 속에서도 항상 소망을 갖고 살아가는 이들을 보면서, 사람들은 소망의 이유를 물었고, 그럴 때마다 이들은 예수를 증거했습니다.

313년 밀라노칙령으로 드디어 기독교가 제국 안에서 공인된 종교가 되었습니다. 지상으로 올라온 교회가 빠르게 성장하면서 채 100년도 가기 전에 기독교는 벌써 제국의 국교가 되었습니다. 그러면서 이제는 예수를 믿으면 박해 받는 것이 아니라, 믿지 않으면 박해 받는 사회로 바뀌어졌습니다.

자연스럽게 교회는 힘을 가진 집단이 되었습니다. 교황과 황제 사이에 권력다툼이 계속되더니 마침내 카놋사의 굴욕과 같이 황제가 교황 앞에 무릎 꿇고 용서를 비는 일이 일어났습니다. 교회는 이것을 하나님나라의 승리로 여기면서 축배를 들었습니다. 많은 영지를 소유한 교회는 부해졌고, 심지어 군대를 거느린 비숍까지 나오게 되었습니다. 사제가 되는 것이 평민들에게는 출세의 첩경으로 여겨졌습니다.

이처럼 부와 권력을 가진 교회는 점차로 영광의 신학을 좇아갔습니다. 그 영광은 하나님의 영광으로 포장되었지만 사실은 교회의 영광이었고, 영적인 것으로 포장되었지만 사실은 세상영광이었다. 하나님을 잘 믿으면 세상영광을 누리게 되고, 거기서 하나님이 영광 받으신다고 생각했습니다.

　루터는 바로 이러한 신학이 교회를 타락시킨 주범이라고 지적하면서, 성경이 가르치는바 십자가 신학으로 돌아가야 한다고 외쳤습니다. 하나님이 보내신 예수 그리스도는 영광을 위해서가 아니라, 고난을 위해서 세상에 오셨습니다. 그는 평생 고난의 길을 가셨고, 고난 속에서 죽으셨습니다. 불신자는 그 십자가가 하나님의 진노이고 거기에는 하나님이 계시지 않는다고 보았지만, 진정한 믿음은 도리어 그 십자가에서 하나님의 지극하신 사랑을 보게 해줍니다. 하나님은 영광중에 자신을 드러내시는 것이 아니라, 도리어 고난 중에 자신을 감추시는 하나님(Deus absconditus)이십니다.

　지상의 교회는 바로 이 예수의 고난에 동참하는 공동체입니다. 믿는 자의 영광은 이 세상에 있는 것이 아니라, 다음 세상에 그리스도와 함께 누릴 영광입니다. 그 영광을 위해 우리는 세상에서 그리스도와 함께 고난을 당해야 합니다. 이것이 제자의 길입니다.

　영광의 신학과 십자가신학! 종교개혁 500주년을 맞이하면서 이 루터의 가르침 속에서 우리 자신을 돌아봅시다. 오늘날 우리 개신교회는 영광의 신학을 따르고 있는지 않은가? 영적인 것으로 포장된 믿음과 경건 속에는 세상영광을 좇는 욕망이 감추어져 있는 것이 아닙니까? 1등하고, 성공하고, 부유하게 잘 사는 것에서 하나님이 영광을 받으신다고 생각하고 너도나도 그 길을 좇아가고 있지 않습니까? 그래서 교회는 소위 번영신학, 기복신앙, 물신주의, 성공주의에 물들어 있는 것은 아닙니까? 교인들은 예수 믿고 구원받을 뿐 아니라, 세상에서도 부귀영화를 누리고 싶다는 욕망과 목적을 신앙으로 포장하면서 살아가고 있지 않은가요?

또한 과거 가톨릭처럼 개신교회 역시 자신이 옳다 여기고 원하는 바를 힘으로 관철해 가는데 익숙해져 있는 것은 아닙니까? 그래서 우리도 모르게 세상을 섬기는 것이 아니라, 지배하려고 하는 것일까요? 루터의 말에 다시금 귀를 기울이고 이 왜곡된 영광의 신학에서 다시 십자가신학으로 돌아갈 수 있기를 바랍니다.